Anonymus

Judas Thaddäus Zauner's biographische Nachrichten von den Salzburgischen Rechtslehrern

von der Stiftung der Universität an bis auf gegenwärtige Zeiten

Anonymus

Judas Thaddäus Zauner's biographische Nachrichten von den Salzburgischen Rechtslehrern
von der Stiftung der Universität an bis auf gegenwärtige Zeiten

ISBN/EAN: 9783743335936

Hergestellt in Europa, USA, Kanada, Australien, Japan

Cover: Foto ©ninafisch / pixelio.de

Anonymus

Judas Thaddäus Zauner's biographische Nachrichten von den Salzburgischen Rechtslehrern

Judas Thaddäus Zauner's
biographische Nachrichten
von den
Salzburgischen Rechtslehrern von der Stiftung der Universität an bis auf gegenwärtige Zeiten.

Salzburg,
im Verlage der Waisenhausbuchhandlung.
1789.

Der

hochlöblichen

Juristen=Fakultät

in Salzburg,

seiner gewesenen Lehrerinn,

als ein

Denkmahl des Dankes

zugeeignet

von dem

Verfasser.

Vorbericht.

Die juristische Biographie ist im katholischen Deutschland noch allzu wenig bearbeitet, als daß daraus dem Litterator nicht jeder Beytrag, wäre er auch noch so unbedeutend, willkommen seyn sollte. Vielleicht widerfährt daher meinem Werkchen eben das günstige Urtheil, mit welchem Herrn Prof. Waldmanns biographische Nachrichten von den Mainzischen Rechtslehrern in den gelehrten Zeitschriften aufgenommen wurden. Ohnehin ist ein möglichst vollständiges Werk über die juristischen Schriftsteller wenigstens von den drey letztern Jahrhunderten schon oft gewünscht worden; und so unmöglich zur Zeit die Ausführung desselben immer zu seyn scheint, so kömmt es vielleicht doch noch in unsern Tagen zu Stande, wenn die Protestanten in dem rühmlichen Eifer, womit sie vorzüglich

)(3   seit

seit 40 Jahren die juristische Litterargeschichte
bearbeitet haben, muthig fortfahren, und die
Katholiken sich einmal entschließen, ihrem Bey-
spiele allgemeiner zu folgen, als sie es bisher
gethan haben. *) Besäße man nur einmal die
Biographien der Rechtsgelehrten von allen Aka-
demien; so hätte man vielleicht schon den größten Vorrath von Materialien beysammen, die
zur Vollendung eines solchen litterarischen Werkes erforderlich wären. Gleichwie ich nun zur
Erreichung dieses großen Endzweckes mein
Scherflein beyzutragen wünsche, also hoffe ich,
daß meine gegenwärtigen Nachrichten dem Pub-
likum auch in mancher anderer Rücksicht nicht
unangenehm seyn werden. Ueberhaupt schon
muß es meinen Landsleuten ein Vergnügen ge-
währen, wenn sie hier die Rechtslehrer ihres
Vaterlandes mit Einem Blicke überschauen können.

---

*) Ich verkenne die Bemühungen einzelner Männer nicht;
denn die Herren de Luca, Pelzel, Veith, Westenrieder
u. a. haben im biographischen Fache bereits hübsche Mu-
ster geliefert. Allein im Allgemeinen will dieses Studium
nicht recht vorwärts, weil man die Arbeiten dieser Art
noch immer nicht zu schätzen weis. Der Biograph und der
Entomolog finden sich bey uns noch immer in Einer Lage.
Beyder Arbeit erfordert unendliche Geduld, und am Ende
stehen beyde in Gefahr, statt des Lohnes von dem litterarischen Pöbel einer zwecklosen Mückenfängerey beschuldiget
zu werden.

nen. Salzburg hat eben nicht Ursache, sich seiner juristischen Professoren zu schämen; denn schon in der Urzeit seiner Universität hatte es wackere Männer zu Rechtslehrern; und man findet vorzüglich in Gletle's Werken viele Stellen, welche den scharfsinnigsten Selbstdenker verrathen, und selbst einem Leyser oder Pufendorf Ehre machen würden. *) Und doch ist dieser Mann, so wie die meisten seiner Vorfahren und Nachfolger, schon längst vergessen, und man darf kaum mehr seinen Namen aussprechen, ohne von einem neumodischen Halbwisser für einen Pedanten ausgeschrien zu werden. Unser Zeitalter hat große Vorzüge, aber auch große Mängel, und besonders scheint es an der Neomanie zu leiden. Daher der verachtende Blick auf die Männer der Vorzeit; daher der unbedingte Tadel alles dessen, was in den Tagen unsrer Ahnen geschrieben und gedruckt worden ist; daher endlich die blinde Anhänglichkeit an alle Neuerungen, auch wenn sie sich durch nichts empfehlen, als nur dadurch, daß sie eine Geburt des letzten Jahrzehends sind. Vielleicht

kann

---

*) Man lese z. B. nur sein eben so gründliches, als freymüthiges Räsonnement über die sogenannten gerichtlichen Präjudicien in dessen Iurisprudentia fundamentali Libr. I. Tit. I. pag. 97.

kann dieses herrschende Vorurtheil der Neuheit
nicht mächtiger bekämpfet, und der Stolz unsrer Zeitgenossen nicht tiefer gebeugt werden, als
wenn man ihnen zeiget, daß es schon vor der
Epoche der Aufklärung aufgeklärte Menschen gegeben, daß unsre Vorfahren über viele Gegen-
stände eben so hell, wie wir, gedacht, und in
manchen Zweigen der Gelehrsamkeit uns sogar
übertroffen haben. Der Kenner der Gelehrten-
Geschichte wird sich hüten, sein Zeitalter auf
Kosten der Vorzeit zu erheben, und er wird
die Verdienste der lebenden sowohl, als der
verstorbenen Gelehrten mit gleicher Unpartey-
lichkeit abwägen; denn nur er ist im Stande,
die Grade der Aufklärung zu bestimmen, und
über das Steigen und Fallen der wissenschaft-
lichen Cultur ein richtiges Urtheil zu fällen.
Zwar mangelt uns jetzt noch eine philosophische,
oder pragmatische Geschichte sowohl der Gelehrsamkeit überhaupt, als der Jurisprudenz insbesondre; aber sie wird uns immer mangeln, wenn
wir nicht die hiezu nöthigen Materialien zusam-
mentragen, und vor der Hand die einzelnen Theile
der Litteratur bearbeiten. Freylich sind meine
gegenwärtigen Nachrichten sehr unvollkommen,
und sie bestehen großentheils beynahe nur in
trockenen Verzeichnissen der merkwürdigsten Le-
bens-

bensumstände; allein vollständige Biographien
konnte und wollte ich nicht liefern. Unter den
Salzburgischen Rechtslehrern finden sich zwar
manche, welche würdig wären, einen Schröckh
zum Biographen zu erhalten; allein im Ganzen
genommen scheinen sie mir (denn auch Patriotis-
mus darf mich nicht blenden) dennoch nicht die
Männer zu seyn, von denen nicht auch ein kur-
zer Lebensabriß hinlänglich wäre. Und hätte
ich auch ihr Leben ausführlich beschreiben wollen,
woher hätte ich den Stoff holen sollen? Schon
das Wenige, was ich von ihnen hier aufge-
zeichnet habe, hat mir unbeschreibliche Mühe ge-
kostet. Welche Nachforschungen wurden nicht
dazu erfordert, um einen vielleicht geringfügig
scheinenden Lebensumstand zu erheben? Wie oft
fragte ich an, ohne eine Antwort zu erhalten?
Indessen hat es doch auch Männer gegeben, die
mich mit aller Bereitwilligkeit unterstützet haben.
Insbesondre aber verdienen der hochfürstl. gehei-
me Rath und Rektor der hiesigen Universität,
Herr P. Joh. Damascen Kleimayrn; und der
Hofrathssekretär, Herr Nikolaus Strasser,
meinen lautesten Dank. Jener hatte die Gewo-
genheit, mir aus den juristischen Fakultätsproto-
kollen einen reichhaltigen Auszug mitzutheilen,
und durch diesen erfuhr ich alles, was sich in

der

der Registratur des Hofraths von den Salzburgischen Rechtslehrern hin und wieder aufge-
zeichnet findet. Durch die Gefälligkeit dieser
Herren haben also meine Nachrichten nicht nur
an Vollständigkeit gewonnen, sondern zugleich
auch den möglichsten Grad von Authenticität er-
reicht.

Da die Bibliographie bey dergleichen Le-
bensgeschichten einen wesentlichen Theil ausmacht,
so bestrebte ich mich, die Schriften, welche ein
oder der andere Professor herausgegeben hat,
soviel möglich vollständig zu verzeichnen, und
ich wünschte daher, alle diese Schriften zur Ein-
sicht zu erhalten; allein viele derselben suchte ich
hier vergebens. Die Litteraturgeschichte eines
Landes würde viel gewinnen, wenn von allen
Schriften, die darinn erscheinen, wären sie auch
noch so elend, wenigstens Ein Exemplar in einer
öffentlichen Bibliothek zum Behufe der Littera-
toren aufbewahret würde; denn schlechte Bücher kann nicht b'oß der Düttenkrämer, auch
der Litterator kann sie benützen.

Die Quellen, woraus ich geschöpfet habe,
sind entweder gedruckt, oder ungedruckt. Diese
bestehen in Nachrichten, die mir aus Familien-
Pa-

Vorbericht.

Papieren, aus Kloster-Roteln, aus Protokollen u. dgl. mitgetheilet worden sind; jene hingegen in Büchern, worinn entweder absichtlich das Leben mehrerer Salzburgischen Rechtslehrer beschrieben worden ist, oder worinn nur zufälliger Weise einige hieher gehörige Nachrichten vorkommen. Die Bücher der letztern Gattung habe ich am Ende einer jeden einzelnen Biographie allemal umständlich angeführet. Zur erstern Gattung hingegen gehören folgende Werke:

1) Historia almae et archiepiscopalis Vniuersitatis Salisburgensis sub cura PP. Benedictinorum. Prodit nunc primum opera et studio R. P. ** Presbyteri et Monachi Benedictini e congregatione S. Blasii in Silua nigra. *Bonndorfii* 1728. in 4to.

Dieses Werk, dem nichts als Fortsetzung und eine etwas bequemere Ordnung in Ansehung des Lehrerverzeichnißes hinzuzuwünschen wäre, ist durch P. Roman Sedelmayr, gewesenen Professor und Universitätssekretär in Salzburg, verfaßt, und nach dessen Tod von seinem Ordensbruder P.

Vorbericht.

P. Jof. Porta zum Drucke befördert worden.

2) Nachricht von der Salzburgischen Rechts- lehrer Leben und Schriften, in Daniel Net- telbladts Hallischen Beyträgen zur juristischen Gelehrten-Historie. III. Band. S. 65 — 100.

Diese Nachricht besteht in einem bloßen verdeutschten Auszug aus der gleich genann- ten Salzburgischen Universitätsgeschichte. Der Uebersetzer hat nicht nur im Ausdrucke manchen Schnitzer begangen, sondern auch einige verdienstvolle Salzburgische Rechts- lehrer ganz ausgelassen. Wahrscheinlich rühret diese Arbeit nicht von dem berühm- ten Herausgeber selbst her.

3) Nekrolog einiger in diesem Jahrhundert verstorbenen Salzburgischen Rechtslehrer in des Herrn Prof. Siebenkees juristischen Ma- gazin. I. Band S. 514 — 527.

Dieser Nekrolog, welchen die in die all- gemeine juristische Bibliothek (Nürnberg 1781.)

1781.) I. Band S. 468. eingerückten litterarischen Anfragen vorzüglich veranlaffet haben,. Ift dort mir gefammelt, und dem würdigen Herausgeber zu feinem Gebrauche mitgetheilet worden.

Ich hielt es nun für überflüßig, diefe drey Werke bey jedem Rechtslehrer, deffen darinn gedacht wird, befonders anzuführen, oder die in denfelben enthaltenen Unrichtigkeiten zu rügen; denn wer fie befitzt, und mit meiner gegenwärtigen Arbeit vergleichen will, der kann es ohnehin gleich fehen, ob und wie ferne ich fie benützet, ergänzet, und zum Theile auch berichtiget habe. Was übrigens die Ordnung meiner Biographien betrifft, fo habe ich die verftorbenen Rechtslehrer nach der Chronologie ihrer Sterbjahre, die lebenden hingegen nach dem Alter ihres akademifchen Dafeyns auf einander folgen laffen.

Salzburg im Februar 1789.

Der Verfaffer.

An-

Anzeige.

Kimpfler

Starch

Anzeige.

I.

Erhard Brenzinger war vermuthlich von Freyburg in Breisgau gebürtig, wo es noch wirklich eine Brenzingerische Familie giebt. Im Jahre 1620 den 13. Novembr. suchte er bey der dortigen Universität das Lehramt der Institutionen oder Pandekten; allein, anstatt dasselbe zu erhalten, wurde er wegen seiner Unbescheidenheit und Undankbarkeit gegen die Akademie, die er bey dem Bischof von Konstanz, dem damaligen Richter der Universität, verläumdet hatte, auf ewig von allen Universitätsämtern ausgeschlossen. Dennoch fieng er das folgende Jahr daselbst die Mathematik öffentlich zu lehren an, aber auch dieses sein Lehramt dauerte nicht länger als ein halbes Jahr. *) Er entfernte sich dann von Freyburg; und als im Jahre 1622 zu Salzburg die Universität gestiftet wurde, glückte es ihm, durch Empfehlung des Abts Martin von St. Blasien an dieser neuen Akademie ein juristi-

A   sches

---

*) Diese Nachricht ist mir durch die Gefälligkeit eines verdienstvollen Gelehrten unmittelbar aus den Freyburger Universitätsprotokollen mitgetheilt worden.

sches Lehramt zu erhalten. Er war da der erste Professor der Rechte, und eröffnete im Stiftungsjahre seine
Vorlesungen über den Coder; allein so eifrig er sich
immer um eine Katheder bewarb, so wenig schien er
zu einem Professor geschaffen zu seyn; denn nach einer
kurzen Zeit legte er auch in Salzburg sein Lehramt
nieder, und kehrte nach Freyburg zurück. Nach seinem Abgange ist die Professur des Coder bis auf das
Jahr 1652 unbesetzt geblieben. Wann und wo er
gestorben sey, habe ich nirgend ausfindig machen können.

II.

Andreas Vogt ward gebohren zu Markdorf in
Schwaben, und nahm den 21. November 1610 in
dem Kloster Ottobeuern den Benediktinerorden an. Als
im Jahre 1617 Erzbischof Marcus Sittich zu Salzburg ein Gymnasium errichtet, und dasselbe den Benediktinern übergeben hatte, ist Vogt nebst andern
Mitbrüdern seines Ordens und Klosters dahin berufen, und ihm anfangs das Lehramt der Rhetorik an
dieser neuen Schule anvertrauet worden. Im November 1622 während der Einweihungsfeyer der eben in
diesem Jahre zu Salzburg gestifteten Universität wurde er zum Doktor der Gottesgelehrtheit befördert, und
bekam zugleich das Lehramt der Moraltheologie, welches er bis 1627 fortführte. In diesem Jahre den
14. September erhielt er die Doktorwürde in den

Rech-

Rechten, und die Profeſſur des kanoniſchen Rechts, auch wurde er zugleich Prokanzler der Univerſität. Er war der erſte, welcher auf der hohen Schule zu Salzburg die juriſtiſche Doktorwürde empfieng. Im Jahre 1628 verließ er die Univerſität zu Salzburg, und wurde zum Abte des Kloſters Ottobeuern erwählet, welcher Würde er nur 5 Jahre vorſtand. Er ſtarb den 5. März 1633 zu Lindau, wohin er ſich geflüchtet hatte, weil er durch die Schweden aus ſeiner Abtey vertrieben worden war. Von ſeinen Schriften iſt nichts bekannt, als eine lateiniſche Komödie unter dem Titel:

Applauſus comicus S. Ruperto VVormatia per iniuriam depulſo Iuuauii excepto primo Epiſcopo ad trophaeum de mundo reportatum editus *Paridi* illuſtriſſimo Principi et reuerendiſſimo Archiepiſcopo ſolemni ritu ſuam metropolim ingreſſo. *Salisburgi* 1621.

III.

Thomas Marlani, oder vielmehr Mannarini war aus Sicilien gebürtig, und nahm zu Palermo im Kloſter zu St. Martin de Scalis den Benediktinerorden an. Noch ehe er nach Salzburg gekommen war, hatte er ſchon ſowohl zu St. Paul in Rom, als auch anderwärts die Theologie 14 Jahre hindurch

mit großem Beyfalle gelehret. Er ließ sich hierauf
an der Universität zu Padua die juristische Doktorwürde ertheilen, und wurde im Jahre 1622, als die hohe Schule zu Salzburg errichtet wurde, dahin berufen; wo ihm anfangs das erste Lehramt der scholasti-
schen Theologie und zugleich das Prokancellariat der
Universität anvertrauet wurde, im Jahre 1624 aber
übernahm er die Profeſſur des geistlichen Rechts, welche er aber ebenfalls nicht länger als 3 Jahre verwaltete; denn 1627 lehrte er wieder in Italien zurück, und starb endlich im Jahre 1636. Er gab
mehrere Schriften heraus, wovon ich aber nur folgende namhaft machen kann:

Contemplatio theologica de prima Dei per-
fectione. *Salisburgi* 1626. in 4to.

Die Biographie dieses Mannes findet sich auch
in *Magnoald Ziegelbauer's* Historia rei litterariae ordinis S. Benedicti. Part. III. pag. 632.
— In *Mariani Armellini* Bibliotheca Benedic-
tino-Caſſinenſi Part. II. pag. 199, und in *Mon-*
gitore Bibliotheca Sicula Part. II. pag. 161.
worauf sich *Ziegelbauer* am angeführten Orte be-
ruft, werden von den Lebensumständen und Schriften deſſelben vermuthlich ausführlichere Nachrichten
anzutreffen seyn; allein ich konnte diese zwey Litte-

caturwerke in den hiesigen Gegenden nirgend auf-
treiben.

IV.

Sebastian Rottmayr widmete sich anfangs
dem weltlichen Stande, studierte daher die Rechtswissenschaft, und ward, nach Vollendung seiner Studien,
Beamter in Oesterreich; allein im 30. Jahre seines
Alters entschloß er sich, Mönch zu werden, und legte
den 9. Novembr. 1629. im Benediktinerkloster zu
Garsten in Oesterreich die Ordensgelübde ab. Noch
in diesem Jahre erhielt er zu Salzburg das Lehramt
des geistlichen Rechts, und zugleich das Prokancellariat der hohen Schule. Diese beyden Aemter bekleidete
er bis 1636; in welchem Jahre er in seinem Kloster
Prior wurde. Er starb daselbst den 2. May 1640.

V.

Christoph Törring, aus Baiern gebürtig,
wurde Benediktinermönch zu Gottwein in Oesterreich,
und nachdem er zu Cöln das päbstliche und kaiserliche
Recht studiert hatte, begab er sich nach Bononien in
Welschland, und empfieng daselbst den 10. May 1636
die juristische Doktorwürde. Noch in diesem Jahre
erhielt er zu Salzburg das Lehramt des geistlichen
Rechtes, welches er 7 Jahre hindurch bis an seinen
Tod mit großem Beyfalle geführt hatte. Er starb
den

den 10. Novembr. 1643, und hinterließ folgende
Schriften:

1) De foro competente. 1640. in 4to.

2) Disputatio de causa possessoria. 1641.
in 4to.

3) Disputatio de iure Rescriptorum. 1642.
in 4to.

VI.

Johann Wilhelm Graß war gebohren zu
Köln am Rhein, und bekleidete schon in seiner Vaterstadt ein juristisches Lehramt. Da es nun die Auf-
nahme der im Jahre 1622 errichteten Universität in
Salzburg erforderte, daß sie gleich anfangs mit ge-
übten Lehrern besetzet würde; so wurde Graß durch
den Benediktinerabt Heinrich von St. Pantaleon in
Köln als Professor der Institutionen des bürgerlichen Rechts dahin empfohlen. Er trat noch im Stiftungsjahre der Universität dieses neue akademische Amt
an, und verwaltete es mit vielem Beyfalle bis auf
das Jahr 1627. In diesem Jahre beschloß er seine
Vorlesungen, und das von ihm bekleidete Lehramt
wurde mehrere Jahre hindurch nicht wieder besetzt;
vermuthlich weil es an Zuhörern mangelte, und damals auch für die weltlichen Professoren noch kein
Besoldungsfond angelegt war. Indessen bekam Graß
bald

bald eine andere ungleich einträglichere Beförderung;
denn er wurde den 4. Septembr. 1632 bey dem Dom,
kapitel in Salzburg als Syndikus und Urbarrichter
angestellt, und zugleich mit dem Charakter eines hoch,
fürstl. Salzburgischen Rathes beehret. Das Domsyn,
dikat verwaltete er 22 Jahre hindurch mit allgemeiner
Zufriedenheit, und resignirte dasselbe Altershalber den
10. September 1654, mußte aber auf Befehl des
Domkapitels die Verwaltung des St. Erhard , Spi,
tals noch beybehalten, die er dann auch bis an seinen
Tod besorgte. Er starb zu Ende des Jäners, oder
in den ersten Tagen des Februars 1655.

VII.

Johann Franz Balthasar ward gebohren zu
München, wo dessen Vater Johann Balthasar kur,
fürstlicher Hofrath gewesen war. *) Er studierte die
Rechte zu Ingolstadt unter Arnold Rath, und be,
kleidete bereits im Jahre 1651 in seiner Geburtsstadt
die Stelle eines wirklichen kurfürstl. Hofraths. Am
4. Novembr. 1654 wurde er zum ordentlichen Pro,
fessor der Pandekten an der hohen Schule zu Salz,
burg ernannt, eröffnete aber erst im folgenden Jahre
den 23. April seine Vorlesungen vermittelst einer feyer,
lichen

---

*) Dieser schrieb einen Traktat de Iure Dotium, der von sei,
nem Sohne in Practic. Resolut. Iuris ciuil, et bauaric. Part.
I. Tit. I. Resolut. 3. pag. 70. zweymal allegirt wird.

lichen Antrittsrede in Gegenwart des Erzbischofs
Guidobald, der ihn bald hernach auch zu seinem Ra=
the beförderte. Allein er verwaltete sein juristisches
Lehramt nicht länger als zwey Jahre; denn 1657
legte er daselbe nieder, und kam nach Freysing; wo
er fürstlicher Rath, Kanzler und Lehenprobst wurde.
Diese ansehnliche Stelle versah er bis an seinen Tod.
Er starb im Jahre 1663 zu Weingarten in Schwa=
ben; wohin er wahrscheinlich auf einer Reise gekom=
men war. *) Seine Schriften sind folgende:

1) Practicarum Resolutionum iuris ciuilis et
bauarici Pars prima et secunda. In quibus con-
tinentur quaestiones nouae, quotidianae et practicae, quarum quaedam in variis tribunalibus
ac consistoriis per sententiam decisae, et ad plurima Germaniae aliarumque regionum, praecipue vero Electoratus Bauariae statuta prouincialia ex iusto ordine dispositae sunt. *Monachii*
1651. in 4to.

2) Dis-

***

*) Ich gab mir alle Mühe, von diesem verdienstvollen Rechts-
gelehrten biographische Nachrichten zu sammeln. Schon
1784 habe ich in das Journal von und für Deutschland
St. XI. S. 357. über ihn einige Anfragen einrücken lassen;
allein leider, sind sie eben so unbeantwortet geblieben, wie
die Briefe, welche ich seinetwegen seitdem geschrieben habe.

2) Differtatio de operis fubditorum, in qua materia feruitiorum a fubditis praeftandorum (vulgo Robwolbt, Scharwerck, Frohndienſte) compendiofe elaboratur. *Salisburgi* 1656. in 12mo. Editio noua *Coloniae Agripp.* 1709. in 4to.

3) Differtatio de Indiciis S. R. Imperii. *Salish.* 1656. in 12mo.

4) Practicarum Refolutionum iuris ciuilis et bauarici Pars tertia et quarta. In quibus continuantur quaeftiones nouae, quotidianae et practicae, quarum quaedam in variis tribunalibus ac confiftoriis per fententiam decifae, et ad plurima Germaniae, aliarumque regionum, praecipue vero Electoratus Bauariae ftatuta prouincialia ex iufto ordine difpofitae funt. *Auguftae Vindelic.* typis Ioannis Praetorii, impenfis Ioannis Görlini, Bibliopolae *Vlmenfis* 1660 in 4to.

VIII.

Johann Andreas Weick war beyder Rechte Doktor, kaiferlicher Rotarius und hochfürſtl. Salzburgiſcher Konſiſtorial = und Hofrathsadvokat, oder, wie es damals hieß, Hofrechts = oder Hofgerichtsadvokat. Im Jahre 1643 übernahm er bey der Univerſität in Salzburg die feit 1627 leer geſtandene ordentl ordentliche Profeſſur der Inſtitutionen des bürgerlichen Rechts, und eröffnete hierauf am 10. Februar ſeine Vorleſungen vermittelſt einer feyerlichen Antrittsrede in Gegenwart des Erzbiſchofs Paris. Neben dem Lehramt ſetzte er auch noch die Advokatur thätig fort, und erwarb ſich damit ein ziemliches Vermögen. Da hingegen damals die Einkünfte eines weltlichen Rechtslehrers noch ſehr wenig betrugen; ſo mag dieß wohl die meiſte Urſache geweſen ſeyn, daß Weick, der doch ſonſt mit einer gründlichen Rechtswiſſenſchaft zugleich einen ſehr reizenden Vortrag verband, und alſo alle Eigenſchaften eines akademiſchen Lehrers beſaß, ungefähr im Jahre 1650 ſeine Profeſſur völlig niederlegte, und dafür ſein übriges Leben ganz der goldenen Praxis widmete. Er ſtarb als Advokat zu Salzburg in den erſten Monaten des Jahrs 1665, und hinterließ folgende Abhandlung:

Diſſ. de Tutelis. *Saliſburgi* 1647 in 4to.

IX.

Ludwig Engel ward gebohren zu Walgtam in Oberöſterreich aus der jetzt gräflichen Familie der Engel von Wagrein. Von 1652 bis 1653 ſtudierte er zu Ingolſtadt, trat hierauf in das Benediktinerkloſter Melk, und legte darinn den 3. Septembr. 1654 die Ordensgelübde ab. - Er wurde ſodann nach Salzburg

ge=

geschickt, um bey der dasigen Universität die Rechtsgelehrsamkeit zu studieren. Hier machte er einen so
glücklichen Fortgang, daß er nicht nur aus den Rechten mit vielem Beyfalle öffentlich disputirte, sondern
auch den 14. Novembr. 1657 die juristische Doktorwürde erhielt. Hernach wurde er Priester, und las
den 1. May 1658 die erste Messe. Im folgenden
Jahre 1659 den 12. Decemb. ward er zum Professor
des geistlichen Rechtes an der hohen Schule in Salzburg ernannt, und versah hierauf dieses Lehramt bis
1674 mit einem ganz außerordentlichen Beyfalle. Inzwischen ist er den 10. März 1662 vom Erzbischof
Guidobald zum Salzburgischen wirkl. gehtl. Rath
mit Sitz und Stimme in dem erzbischöflichen Konsisto-
rium befördert, und in der Folge auch von dem Bi-
schofe in Wien, und andern Reichsfürsten mit dem
Rathstitel beehret worden. Im Jahre 1665 bekam
er die Aufsicht über das erzbischöfliche Priesterhaus, welches damals auf dem Platze des jetzigen Ursulinerklo-
sters stand, hernach aber 1669 durch den Einsturz des
Mönchberges verwüstet wurde. Im Jahre 1669
wurde Engel einhellig zum Prokanzler der Universität
erwählet, welche Würde er nebst der Professur bis
1674 fortgeführt hatte. Zu Anfang dieses Jahres
verließ er die Universität, und kehrte in sein Kloster
zurück, wo er sich bey seinem Abte Valentin eine
solche Achtung erworben hatte, daß sich dieser aus
freyem

freyem Antriebe, entschloß, ihm die abteyliche Würde
abzutreten. Allein dieses Vorhaben, wurde durch Engels frühzeitigen Tod vereitelt; denn da er inzwischen,
bis die Reſignation zu Stande kam, zu Grillenbach,
einem nach Melk gehörigen Flecken, als Pfarrer ange-
ſtellt wurde, ſtarb er daſelbſt unvermuthet an einem
Blutſturze den 22. April 1674, und verewigte ſeinen Namen durch folgende Schriften:

1) Manuale Parochorum de plerisque func-
tionibus et obligationibus ad Parochos et Paro-
chianos attinentibus. *Salisburgi* 1661 in 12mo.
Editio quinta *ibid.* 1688. Editio septima cum
indicibus titulorum, rerum et verborum aucta,
ibid. 1752 in 8vo.

2) Forum competens, ſeu tractatus iuridicus
de competentia fori. *Salisb.* 1663 in 4to.

3) Tractatus de priuilegiis et iuribus Mona-
steriorum ex iure communi deductus. *Salisb.*
1664 in 12mo.

Iſt hinnach ſeinem Collegio vniuerſi iuris
canonici hinten angedruckt, und mit demſelben
im Jahre 1770, zum fünfzehntenmale aufgelegt
worden.

4) Colle-

4) Collegium vniuerſi iuris canonici iuxta
triplex iuris obiectum, perſonas, res et actio-
nes partitum, ſeruatis rubricis V. Decretalium;
ſed iuxta materiae exigentiam transpoſitis. *Salisb.*
1670 8vo. Pars II. de rebus 1674 Pars III. et
vltima de actionibus eod. an.

Hernach iſt dieſes Werk nach der Ordnung
der Dekretalen eingerichtet worden unter dem Tite :

Collegium vniuerſi iuris canonici antehac iuxta triplex iuris obiectum partitum, nunc vero
ſeruato ordine Decretalium accuratius transla-
tum, et indice copioſo locupletatum. *ibid.* 1681
in 4to. Editio decima quinta *Salisburgi* 1770
Partes III. in 4to.

Auch iſt dieſes Werk auswärts nachgedruckt
worden, als 1) zu Venedig 1723, und wie
der daſelbſt 1760 mit Joh. Kaſp. Barthels
Anmerkungen in gr. Fol. 2) zu Wien 1761
in 5 Oktavbänden. Uebrigens ſteht von Engels
Leben auch eine ziemlich vollſtändige Nachricht
in Martin Kropfs Bibliotheca Mellicenſi
(Viennae 1747. 4.) cap. CI. p. 504. und in
Magnoald Ziegelbauers Hiſtoria rei litterariae ordinis S. Benedicti. Part. III. p. 401.

X,

34

X.

Christoph Plumblacher war gebohren zu
Salzburg den 17. Februar 1624, und erhielt im
Jahre 1657 an der Universität seiner Vaterstadt das
Lehramt der Institutionen, im Jahre 1671 aber wurde er Professor der Pandekten, auch war er zugleich
hochfürstl. Hofrath und Kammerprokurator. Er starb
am 2. Novembr. 1674 im 51. Jahre seines Alters. *)
Sein Amtsnachfolger, Joh. Balth. Braun, machte
in der feyerlichen Antrittsrede, womit er seine Vorlesungen über die Pandekten eröffnete, von ihm, und
von dem in eben demselben Jahre verstorbenen P. Ludwig Engel diese ehrenvolle Erinnerung: Mors doc-
ta ferire doctos immutat cathedras in casas tetras.
Surrepit et surripit; quos viros? P. *Ludouicum
Engel*, et D. *Christophorum Blumblacher*. Quos
viros? Primus hoc humanum fecit, quod defecit.
Alter hoc angelicum, quod pie et patienter. Primus in vere obiit, flos ad florem campi. Alter

in

---

*) Mit ihm ist nicht zu verwechseln sein Sohn Christoph
Ludwig Blumblacher, hochfürstl. Salzburgischer Hofrath
und kaiserl. Hofpfalzgraf. Dieser ward gebohren zu Salzburg 1650, studierte daselbst, wurde hierauf Hofrath, und
starb den 2. Junius 1725. Er schrieb: Tractat von An-
lait-Recht sowohl nach den gemeinen Rechten, als dieses hochlöbl. Erzstifts und aller Orten üblich-und in
Schwung gehenden Gewohnheiten, auch von Alters-
hergebrachten Herkommen. Salzburg 1721 in 4to.

in autumno obiit, maturus Deo et sibi. Vterque occubuit, sed vt sol solet; hic in stellis superstes manet, sic ipsi in libris ac meritis. Diese Weissagung traf auch wirklich zu; denn Blumblacher hinterließ folgende Werke, die ihres praktischen Inhaltes wegen noch immer geschätzet werden:

1) Tractatus de iure emphyteutico, vitalitio et iure precariae, vulgo von Erb-Recht, Leibgeding und Freystift-Recht, ad vsum et mores nostri temporis accommodatus. *Salisburgi* 1661 in 12mo. Editio tertia *ibidem* 1765 in 8vo.

2) Tractatus de tutelis, von Vormundschaften, worinn sowohl theoretice, als practice gründlich ausgeführt wird, wie und was Gestalten die Pupillen inn- und außer Gericht durch die Obrigkeiten und Vormunder zu beobachten und zu beschützen seynd. Salzb. 1667. — Vorjetzt aber mit dienlichen statutarischen Anmerkungen versehen von Joh. Georg Scopp. Editio IV. Salzb. 1763 8vo.

3) Commentarius in Kaiser Karl des V. und des heil. Röm. Reichs peinliche Halsgerichtsordnung 1670. — Siebender Druck (siebente Auflage) Salzb. 1752 in 4to.

4) Ordo

4) Ordo concurrentium creditorum in bonis ſubhaſtati debitoris. *Salisburgi.* 1672 in 12mo. Bey dieſer akademiſchen Abhandlung hat er nur den Vorſitz geführet. Der wahre Verfaſſer davon iſt Veit von Arnold, der ſie in der Folge mit vielen Zuſätzen und Vermehrungen aus dem Lateiniſchen in das Deutſche überſetzt, und unter dem Titel: *Tractatus* vom Vor- und Nachgang der Gant - Gläubiger, oder Einleitung zum Gant-Proceß, wieder herausgegeben hatte. S. mein chronologiſches Verzeichniß der merkwürdigſten Salzb. Landesgeſetze in des Herrn Prof. Siebenkees neuen juriſt. Magazin (Anſpach 1784) I. Band S. 275.

5) Tractatus iuridicus de ſeruitutibus praedialibus ſeu realibus. *ibidem* 1673. Editio ſecunda *ibid.* 1719 in 8vo.

6) Differtatio iuridica de Retractu gentilitio et conuentionali. *ibid.* 1673 in 8vo.

7) Informatio contra Magos. 8vo.

XI.

Volpert Mozel war gebohren zu Salzburg aus einem adelichen Geſchlechte, und legte am 28.

Oktobr.

Oktobr. 1665 in dem Benediktinerstift Scheyern die feyerliche Ordensgelübde ab. Nachdem er hierauf die höhern Wissenschaften studiert, und in seinem Stifte verschiedene Aemter geführt hatte, wurde er 1675 nach Salzburg als Professor berufen, wo er anfangs die Poetik- und Rhetorik öffentlich lehrte, am 3. November 1678 aber zum Doktor der Rechte befördert, und zugleich zum ordentlichen Lehrer des kanonischen Rechtes ernannt wurde; allein dieser hoffnungsvolle Mann starb schon den 4. April 1679 in der Blüthe seiner Jugend, ohne sich durch Schriften zeigen zu können. *)

XII.

Placidus Bridler ward im Jahre 1613 zu Bischofszell in Thurgau aus einer ansehnlichen Familie gebohren. Als ein Jüngling von 18 Jahren nahm er in dem Stift St. Gallen den Benediktinerorden

B   an;

---

*) Der bekannte Jesuit Veit Pichler ertheilet ihm in der Zueignungsschrift seines Werkchens: Manipulus Casuum iuridic. Ingolstadii 1724 an den Abt Maximilian zu Scheyrn folgendes Lob: Schyra ad cathedram pontificii iuris in Vniuersitate Salisburgensi submisit Gregorium Kimpfler, Aegidium Ranbeck; *Volpertum Mozelium*, de quo vtpote viro summae spei, praecoci morte viuis erepto, illud effari licet: quod vel numquam nasci, vel numquam mori debuisset. Qua in re id specialiter animaduertendum censeo, quod soli Monasterio Schyrensi contigerit tres omnino soldissime doctos sacri iuris Professores dedisse.

an; und nachdem er im Jahre 1638 Priester geworden war, und zu Hause einige Zeit die Theologie gelehret hatte, wurde er von seinen Obern nach Ingolstadt geschicket, um sich an dieser hohen Schule ganz
dem Kirchenrechte zu widmen. Allein die Luft dieses
Ortes konnte er nicht ertragen, und er reisete also
dafür nach Rom, wo er sich mit ganzer Seele auf
das Studium des geistlichen Rechtes verwendete, und
nicht eher nach Hause kehrte, als bis er die Doktorwürde errungen hatte. Im Jahre 1651 wurde er
als Professor des Kirchenrechtes nach Salzburg berufen, und versah hierauf dieses Lehramt bis 1653;
in welchem Jahre er wieder in sein Stift zurückwan-
derte. Hier verwaltete er verschiedene Klosterämter,
und starb endlich den 15. September 1679 an einem
Schlage. Von ihm sind folgende Schriften im Druck:

1) Positiones de Deo vno et trino. 1638.

2) Disputatio iuridica de clausulis Rescriptorum. 1645.

3) Disputatio de vita et honestate Clericorum. 1648.

XIII.

Hermann Hermes ward gebohren 1605 in
der Reichsstadt Köln am Rhein, wo dessen Vorältern

.seit

feit mehr als hundert Jahren bey dem Magistrate
immer die ansehnlichsten Ehrenstellen bekleidet hatten.
Er studierte in seiner Vaterstadt, und zeichnete sich besonders in Erlernung der Rechtswissenschaft so herrlich
aus, daß er bey der dortigen Universität 1636 nicht
nur zu einem öffentlichen juristischen Lehramt befördert,
sondern in Ansehung seiner ausgebreiteten Kenntnisse
und tiefen Einsichten, noch überhin zu andern wichtigen Ehrenstellen erhoben wurde; denn er ward anbey
auch Dictator Fisci, Beysitzer des erzbischöflichen Köl-
nischen Hofgerichts, und Syndikus der Ritterschaft.
Diese Aemter bekleidete er bis 1652; in welchem
Jahre die während des dreyßigjährigen Krieges beynahe ganz verfallene Universität zu Salzburg wieder er-
neuert, und Hermes dahin als erster Rechtslehrer
mit dem Charakter eines hochfürstlichen Raths berufen
wurde. Er erhielt nämlich nicht nur die seit Erhard
Brenzingers Abgange leer gestandene Professur des Codex, sondern bekam zugleich auch den Auftrag, über
das deutsche Staatsrecht zu lesen; und er war also
der erste Publicist an der hohen Schule zu Salzburg,
so wie er überhaupt unter den katholischen Rechtsgelehrten der erste war, welcher über das deutsche Staatsrecht ein ausführliches Werk schrieb. *) Von seiner
An-

B 2

---

*) S. Pütters Litteratur des deutschen Staatsrechts, I. Theil
S. 232.

Ankunft datirt sich der eigentliche Ursprung der Juri-
sten-Fakultät in Salzburg; denn vorher war außer
dem Kanonisten, der jedesmal ein Benediktinermönch
ist, nur ein weltlicher Rechtslehrer, und auch dessen
Stelle blieb mehrere Jahre unbesetzt. Allein von dieser Zeit an waren im juristischen Fache immer drey
ordentliche weltliche Professoren, und manchmal wurde
auch noch ein außerordentlicher angestellt. Der Ruhm,
den sich Hermes schon in Köln erworben hatte, zog
gleich eine Menge Studenten nach Salzburg, und trug
wahrscheinlich sehr vieles dazu bey, daß die dasige
Universität von dieser Zeit an sich mächtig empor-
schwang, und von Ausländern zahlreich besuchet wurde. Dieser würdige Mann verwaltete in Salzburg
sein akademisches Lehramt beynahe 30 Jahre, und
starb endlich den 28. April 1680 in einem Alter von
75 Jahren. Er schrieb:

1) Disputatio de lege Aquilia ex titulis Institutionum, Digestorum et Codicis delibata,
1654. 4to.

2) Asylon exheredatorum et praeteritorum,
seu querela inofficiosi testamenti. 1654. in 4to.

3) Collectanea ex vniuerso iure canonico,
publico, feudali et ciuili desumpta, 1655. 4te.

4) As-

4) Aſſertiones iuridicae de iuris vniuerſi, in ſpecie etiam iuris publici Imperii noſtri Romano - Germanici principiis. 1657 in 4to.

5) Exegeſis iuris feudalis. *Salisb.* 1660.

6) Viuarium quinquaginta Pandectarum libris conſeptum. 1665. 4to.

7) Diſputatio iuridico - politica, et theoretico - practica de neceſſaria defenſione priuata, et militari bellica. 1673. 4to.

8) Diſputatio iuridica de exheredatione et excluſione, etiam a legitima, eiusque requiſitis et cauſis ingratitudinis cum annexis ei controuerſiis. 1673. 4to.

9) Faſciculus iuris publici ex labyrintho canonico, legali, feudali et S. R. I. viridariis, primum anno 1663 collectus, nunc ex nouiſſima accurata ipſius Authoris recognitione recuſus, acceſſionibus recens factis vndique locupletiſſime inſtructus et duplo adauctus. *Salisburgi* 1674. in 4to.

XIV.

XIV.

Tutilo Gebel nahm in der gefürſteten Abtey St. Gallen 1632 den Benediktinerorden an, wurde hierauf nach Dole in Burgund geſchickt, und an der dortigen Akademie zum Doktor beyder Rechte beför= dert. Als 1658 Gregorius Kimpfler die Univerſi= tät zu Salzburg verließ, wurde Gebel an deſſen Stelle zum Profeſſor des Kirchenrechtes ernannt; allein ſeine ſchwächliche Geſundheit nöthigte ihn, das Lehramt nach zweyen Jahren niederzulegen; und er wanderte daher 1660 in ſein Stift zurück; wo er ſich wieder erhol= te, und endlich, nachdem er verſchiedene Kloſterämter verſehen hatte, den 13. Septembr. 1680 mit Tode abgieng. Von ſeinen Schriften iſt nichts bekannt.

XV.

Joſeph Mezger ward gebohren zu Eichſtädt den 5. Septembr. 1635. Sein Vater Chriſtoph Mez= ger, welcher anfangs zu Neuburg an der Donau als Regierungsrath geſtanden, hinnach aber in fürſtlich= Eichſtädtiſche Dienſte getreten war, wird als ein ge= ſchickter Juriſt angerühmet; und ſein mütterlicher Groß= vater Philipp Menzel war ein nicht minder berühmter Doktor und Profeſſor der Arzneykunde zu Ingolſtadt.*)

Er

---

*) Eine kurze Biographie deſſelben findet ſich in Mezgers Hiſtoria Salisburg. Lib. V. cap. 16. pag. 671.

Er hatte noch zwey leibliche Brüder, Franz und
Paul, welche eben so, wie er, zu St. Peter in Salzburg den Benediktinerorden angenommen hatten. Er
legte in diesem Kloster den 8. Septembr. 1651 mit
seinem ältern Bruder Franz die feyerlichen Gelübde
ab, und den 1. Jäner 1659 las er die erste Messe.
Schon das Jahr vorher wurde er bey der Universität
zu Salzburg Lehrer der Dichtkunst: vom Jahre 1662
aber bis 1664 lehrte er die Philosophie; hierauf wurde er Präses der grössern Congregation, und nachdem er
den 4. Septembr. 1665 die theologische Doktorwürde
erhalten hatte, fieng er über die Polemik oder soge-
nannte Glaubensstreitigkeiten zu lesen an. Nach zweyen
Jahren wurde er zum Doktor der Rechte und zum ordentlichen Professor des geistlichen Rechtes befördert.
Er versah dieses Lehramt von 1667 bis 1673; in
welchem Jahre er zum Prior seines Klosters erwählet, und zugleich mit dem Charakter eines Salzburgischen geistl. Rathes beehret wurde. Indeß behielt er
die Professur der heiligen Schrift und der Polemik
doch noch bey, und wurde das folgende Jahr auch
zum Prokanzler der hohen Schule ernannt. In den
Herbstferien des Jahres 1683 unternahm er eine Reise nach dem Wallfahrtsort Maria Einsiedeln in der
Schweiz, kam aber nicht wieder nach Hause; denn er
erkrankte unterwegs in dem Kloster Weingarten, er-
holte sich da zwar wieder, und setzte seine Reise bis
nach

nach St. Gallen fort; allein hier überfiel ihn die Krankheit von neuem so heftig, daß er, uneractet der besten Pflege, die man ihm in dem fürstlichen Stifte daselbst angedeihen ließ, den 26. Oktobr. des gedach= ten Jahres 1683 seinen Geist aufgab. Zu einer vor= züglichen Ehre gereichet es ihm, daß er mit dem großen Diplomatiker, Johann Mabillon, in einem litterarischen Briefwechsel stand, und von ihm hoch ge= schätzet wurde. Noch in seinem letzten Lebensjahre, ungefähr ein paar Monate vor seinem Tode, hatte er das Vergnügen, diesen gelehrten Franzosen, als er auf seiner Reise, die er auf Befehl seines Königs unternommen hatte, nach Salzburg kam, mündlich zu sprechen, und sich mit demselben auf das freundschaft= lichste zu unterhalten. Doch Mabillon soll selbst re= den: „Salisburgum venimus (schreibt er in seinen Analectis pag. 11.) ipsa die 28. Augusti, hospi= tati in percelebri Abbatia S. Petri, vbi omnis no= bis humanitas exhibita est a religiosissimo Abbate, caeterisque coenobitis, praecipue R. P. *Iosepho Mezgero*, Priore, atque Vniuersitatis Procancella= rio, quem antea litteris noueramus. — — Hoc monasterium non minus pietate, quam scriptis suis tunc ornabat *D. Iosephus Mezgerus* Prior mox laudatus, et ipse Vniuersitatis Salisburgensis prae= cipuum ornamentum. — Sunt ipsi trini fratres Mezgeri, omnes religiosi ad S. Petrum, hic qui=

dem

dem Prior ad S. Petrum et Vniuerfitatis Procan-
cellarius, alter Decani, tertius Prorectoris digni-
tatem habet. Animae, quales neque candidiores
terra tulit. Sed ille triplex nodus nuper heu fo-
lutus eft, *Iofepho* amico noftro, fub finem Octo-
bris mortuo ad S. Gallum, vbi ex pulmonis vitio
decubuit, dum facram eremum, nempe Einfidlen-
fem, voti caufa peteret.,, Uebrigens hatte Jofeph
Metzger folgende Schriften hinterlaffen, wovon aber
nur zwey juriftifchen Inhalts find:

1) Confiderationes de fcientiis et modis fcien-
di in genere. 1664. 4to.

2) Axiomata phyfica quaeftionibus problema-
ticis diftincta. 1664. 4to.

3) Quatuor gradus naturae, effe, viuere,
fentire et intelligere, 1664. 4to.

4) Vnitas et diftinctio rerum quaeftionibus
philofophicis explicata. 1664. 4to.

5) Tabula bipartita fucceffionis ecclefiafticae
tam ex teftamento, quam ab inteftato. 1670. 4to.

6) Pa-

6) Panacaea iuris, ſiue remedium vniuerſale reſtitutionis in integrum, vtroque iure receptiſſimum. 1673. 8vo.

7) Cornu paruulum Danielis diſputatione ſcripturiſtico - controuerſiſtica de Anti - Chriſto ventilatum. 1677. in 12mo.

8) Inſtitutiones in ſacram ſcripturam. 1680. in 12mo.

9) Aſſertio antiquitatis Eccleſiae metropolitanae Salisburgenſis, et monaſterii S. Petri ord. S. Benedicti ibidem; ſeu diſſertatio hiſtorico-chronica de tempore aduentus S. Ruperti primi Epiſcopi Salisburgenſis, et Abbatis S. Petri, et fundationis per eum factae. *Salisb.* 1682. in fol.

Dieſe Abhandlung iſt hinnach ſeiner Hiſtoriae Salisburgenſ. pag. 1 — 24. einverleibt worden.

10) Annus Mariano - Benedictinus, ſiue Sancti menſtrui in maiori Congregatione D. Virginis diſtribui ſoliti. 1687. in 8vo.

11) Hiſtoria Salisburgenſis, hoc eſt, vitae Epiſcoporum et Archiepiſcoporum Salisburgenſium,

fiam, nec non Abbatum Monasterii S. Petri
ibidem, ac quae per illos ab anno Domini 582
per XI continua faecula vfque ad annum 1687
gefta fuere, hiftorica relatione propofita. Auc-
tore P. *Iofepho Mezger* — quo, cum ad Er-
nefti Archiepifcopi tempora peruenifet, fatis
intercepto, reliquam operis partem ad finem
perduxerunt ipfius germani fratres PP. *Francif-
cus* et *Paulus Mezgeri. Salisburgi* 1692. in fol.

Eine ausführliche Nachricht von deffen Lebens-
umftänden findet fich auch in Saeculari memoria Defunctorum, fiue Compendio vitae et
mortis Religioforum, qui in Monafterio ad
S. Petrum Salisburgi Ord. S. Benedicti ab anno 1682 vfque ad an. 1782 obierunt (*Salisb.* 1782.) pag, 16 — 21.

XVI.

Johann Balthafar Braun war zu Amöne-
burg in Oberheffen gebohren; und nachdem er zu Fulda die erften Schulwiffenfchaften glücklich erlernet hatte, befuchte er die berühmten Univerfitäten Mainz,
Heidelberg, Gieffen, Marburg und Würzburg, an
welchem letztern Orte er zum Doktor der Rechte befördert wurde. Im Jahre 1671 wurde er als ordentlicher Rechtslehrer nach Salzburg berufen, und eröffnete.

nete daselbst den 13. Jänner 1672 seine Vorlesungen
über die Institutionen mit einer feyerlichen Antrittsrede. Im Jahre 1674 wurde er Professor der Pandekten, und 1680 erhielt er das Lehramt des Codex
und des deutschen Staatsrechtes, auch bekam er zugleich den Charakter eines hochfürstl. Salzburgischen
Raths. Er war nicht bloß Jurist, sondern besaß auch
in der schönen Römischen Litteratur eine ziemliche Stärke, und wußte damit seinen Lehrvortrag so zu würzen,
daß seine Collegien von der studierenden Jugend immer
zahlreich besuchet wurden. Unter seine vorzüglichen
Zuhörer gehörten die beyden nachherigen Professoren
Robert König, und Jos. Bernard Gletle. Es
war Schade, daß dieser thätige Lehrer keiner dauerhaf-
tern Gesundheit genossen hatte; denn er litt immerhin
an Steinschmerzen, und eben da er sich mit der Herausgabe der Lebensgeschichte der Römischen Kaiser beschäftigte, wurde er von diesem Uebel so heftig ange-
griffen, daß er endlich nach einem dreymonatlichen
äußerst qualvollen Krankenlager den 4. Novemb. 1688
in einem Alter von 45 Jahren seinen Geist aufgab.
Er wurde allgemein, besonders von der studierenden
Jugend betrauert, und von derselben in großer Anzahl zum Grabe begleitet. Der Salzburgische Ge-
schichtschreiber Mezger *) ertheilet ihm folgendes Lob:

Erat

*) Historia Salisburgens. Lib. V. cap. LII. p. 955.

Erat praepter Iurisprudentiam humaniori litteratura excultiſſimus, vir magnae modeſtiae et temperantiae, ingenio et alloquio ſuauiſſimus, in docendo methodicus et accuratus, ſolidus in arguendo; ex quo apud Muſas magnum ſui deſiderium reliquit. Seine Schriften ſind folgende:

1) Diſcurſus iuridicus de acceſſione naturali. 1673. 8vo.

2) Poſitiones iuridicae de contractibus in genere. 1673. 4to.

3) Tractatus iuridicus ad Lib. XXVI. et XXVII. Digeſtorum de tutela et cura. 1678. 4to.

4) Magiſtratus. 1680. 8vo.

5) Iurisdictio in genere et ſpecie. 1681. 8vo.

6) Theſes ex vniuerſo iure ſelectae. 1681. 4to.

7) Tractatus de dominio in communi et modis adquirendi dominium. Diſputatio I. de dominio in communi et de venatione. *Salisburgi* 1682. 8vo.

8) Im-

8) Imperium merum ac mixtum. *Salisburgi* 1685. 4to.

9) Iurisprudentia in genere ac ſpecie, noua et ſcientifica methodo publicata. Acceſſerunt in fine orationes aliquot ſolemnes, partim pro cathedra, partim inaugurales. *Saliſb.* 1687. 8vo.

10) Hiſtoria Auguſta, ſeu vitae Romanorum Caeſarum a Cajo Iulio Caeſare vſque ad modernum glorioſiſſime imperantem Leopoldum (opus poſthumum). *Auguſtae Vindel.* et *Dilingae* 1698. in 4to.

XVII.

Aegidius Ranbeck war gebohren zu München im Jahre 1608. Er ſtudierte die untern Schulen in ſeiner Vaterſtadt, und trat 1626 in das Benediktinerkloſter Scheyrn, wo er das folgende Jahr am 12. Decembr. die Ordensgelübde ablegte. Er gieng ſodann nach Ingolſtadt, um daſelbſt die höhern Wiſſenſchaften zu ſtudieren; allein durch den leidigen Einfall der Schweden in Baiern wurde der Lauf ſeiner Studien unterbrochen. Da auch vorzüglich ſein Kloſter den Streifereyen der Feinde ausgeſetzet war, ſo flüchtete er ſich bey dieſer allgemeinen Verwirrung nach Deſterreich, empfieng 1633 bey dem Ordinariat

Paſſau

Paſſau die Prieſterweihe, und hielt ſich hierauf einige
Zeit in der Stadt Steyer auf. Als ſich inzwiſchen
die Schweden wieder aus Baiern zurückgezogen hatten,
wurde Ranbeck nach Hauſe berufen, und ihm die
Kloſterpfarre anvertrauet. Im Jahre 1635 kam er
als Lehrer der Dichtkunſt nach Salzburg, und im
folgenden Jahre übernahm er bey der daſigen Akademie das Lehramt der Rhetorik. Am 14. Septembr.
1643 wurde er daſelbſt durch den damaligen Kirchenrechtslehrer P. Chriſtoph Törring zum Doktor bey
der Rechte befördert; und als ſein Promotor ein Paar
Monate darnach mit Tode abgieng, erhielt er das
von ihm erledigte Lehramt des geiſtlichen Rechtes.
Er eröffnete hierauf am 10. Novembr. eben deſſelben
Jahres ſeine Vorleſungen vermittelſt einer feyerlichen
Antrittsrede, welcher ſelbſt der Erzbiſchof Paris nebſt
fünf Prälaten perſönlich beywohnte. Es gereicht ihm
überhaupt zur größten Ehre, daß er von dieſem wei-
ſen Erzbiſchof hoch geſchätzet, und von demſelben nicht
nur zu einem wirklichen Salzburgiſchen Conſiſtorialrath
mit Sitz und Stimme ernannt, ſondern durch ihn
auch zum Generalvikarius des Biſchofs Vigilius
von Chiemſee befördert wurde. Uebrigens verwaltete
er das Lehramt des geiſtlichen Rechts bis auf das
Jahr 1651, und gab während dieſer 8 Jahre verſchiedene juriſtiſche Abhandlungen heraus. Er wurde
zu ſeiner Zeit für einen der wackerſten Kanoniſten ge-
hal-

halten, insbesondere aber war er ein sehr hitziger und
unerschrockener Verfechter der kirchlichen Immunität,
und vielleicht hat die Gränzen derselben nie ein Deutscher weiter ausgedehnet, als er es in seiner Panoplia,
einem Lieblingsbuche der Römischen Curie, gethan
hat. *) Nachdem er die Universität verlassen hatte,
beschäftigte er sich in seinem Stifte noch immerfort mit
Studiren, Bücherschreiben und ascetischen Uebungen.
Er fand an diesem beschaulichen Leben und an der
klösterlichen Einsamkeit ein solches Behagen, daß er
sich in der Folge durch keine Vorstellungen mehr be-
wegen ließ, wieder einen öffentlichen Lehrstuhl zu be-
steigen, ob er gleich von mehrern ansehnlichen Stiftern
unter

---

*) Gletle saget in seiner Anatomia Quaest, XI. num. 2, daß
Ranbeck von dieser Seite durchaus sein Gegenfüßler sey,
und fället von ihm folgendes Urtheil: Video, quod in
omnibus controuersiis, quas suis hactenus momentis librauit,
partem aduersam tueatur, ac in id toto studio incumbat, yt
Immunitatem ecclesiasticam Principibus saecularibus reddat
formidabilem. Hinc passim censoris personam assumit, ac
tanquam ad sententias nigro calculo signandas auctoritate
publica constitutus sit, opiniones desaecatissimas seueritate
dictatoria perstringit. Quin vlterius progreditur, ac viros
Principes, omnesque illos, qui sententias sequuntur, quas
atro ipse carbone notat, diris caelestibus attonat. Ego
equidem virum clarissimum ob doctrinae famam reuereor;
sed quod auctoritatem censoriam passim sibi arroget, ac tot
sententias proscribat, quod Principibus saecularibus tam in-
clementer succenseat; quod fulmina Vaticana manu tam li-
berali dispenset, concoquere non possum.

unter den schmeichelhaftesten Bedingniffen zum Lehrer des päbstlichen Rechtes verlangt wurde. Im Jahre 1665 wurde er nach Salzburg eingeladen, um die dafelbst bereits so rühmlich bekleidete Lehrstelle des Kirchenrechtes wieder zu übernehmen; allein auch diefen Ruf lehnte er ab. Im Jahre 1683 feyerte er fein fünfzigjähriges Priester=Jubiläum, und gab endlich den 11. Oktobr. 1692 in einem Alter von 85 Jahren feinen Geist auf. Auffer den vielen Handschriften, die noch in feinem Kloster aufbewahret werden, hinterließ er folgende gedruckte Werke:

1) Tabulae teftamentariae ex vtroque iure nouiter excifae. 1644. in 4to.

2) Iuris vniuerfi duae tabulae bimembres. 1646. in 4to.

3) Biuium fori contentiofi ex iure tam caefareo, quam canonico litigantibus apertum. 1647. in 4to.

4) Tertia fori contentiofi via tam ex iure caefareo, quam canonico laefis in iudicio reclufa. 1648. in 4to.

5) Difputatio de folutionibus. 1648. in 4to.

C   6) Epi-

6) Epitome poffeffionum ac rèmediorùm pro eisdem competentium. 1648. in 4to.

7) Silua beneficiorum feudalium. 1648. in 4to.

8) Pentecolon fucceffionis ab inteftato. 1649. in 4to.

9) Afylon fori ecclefiaftici. 1651. in 4to.

10) Ternio Quartarum, legitimae, trebellianicae et falcidiae, qua nimia vltimarum voluntatum libertas ad iuris lancem accurate temperatur. 1651. in 4to.

11) Panoplia immunitatis et libertatis ecclefiafticae. *Auguftae Vindel.* 1667. in 4to.

12) Didafcalia, fiue manuductio ad amorem diuinum. 1669. in 8vo.

13) Parafceue mortalitatis, fiue praeparatio ad mortem. 1675. 8vo.

14) Calendarium annale Benedictinum per menfes et dies eiusdem ordinis infcriptum, feu vitae Sanctorum Ord. S. Benedicti. Tom. IV. cum figuris aeneis. *Auguftae Vindelic.* 1675. 4to.

XVIII.

XVIII.

Franz Matthias May ward gebohren zu Neu-
markt in der obern Pfalz, empfieng 1652 zu Ingol-
ftadt die juriftifche Doktorwürde, und wurde noch am
nämlichen Jahre Profeffor der Inftitutionen an der
hohen Schule zu Salzburg. 1657 erhielt er das
Lehramt der Pandekten, auch wurde er hochfürftl. Salz-
burgifcher Hofrath und kaiferl. Hofpfalzgraf; allein
zu Anfange des Jahres 1671 verließ er die Univerfität, und kam als von Seite des baierifchen Kreifes
präfentirter Beyfitzer des kaiferl. und Reichskammerge-
richtes nach Speyer, wo er den 3. Februar die Pflicht
ablegte. In der Folge wurde er kaiferl. Reichshof-
rath in Wien, und endlich gar kaiferl. Konkommiffa-
rius auf dem Reichstage zu Regensburg. Er ftarb
den 23. Julius 1693, und hinterließ folgende Schriften, welche er während feines akademifchen Lebens
ausgearbeitet hatte:

1) Difputatio ad Lib. I. Inftit. Imperial. ac-
commodata, generalia textus, eidemque conve-
nientes illuftriores quaeftiones continens. 1654.
in 4to.

2) Difputatio ad Lib. II. Inftit. Imper. ac-
commodata etc. 1656. 4to.

3) Cen-

3) Centum quaestiones ex vtroque iure collectae, et distinctionibus explicatae. 1659. 4to.

4) Acroamata iuridico - politica. 1661. 4to.

5) Theses ex variis vtriusque iuris articulis. 1661. 4to.

6) Dissertatio iuridico - politica de libertate et aequalitate. 1664. 4to.

7) Quaestiones de quaestionibus iudiciorum. 1664. 12mo.

8) Praecipuae aliquot differentiae iuris communis et iuris prouincialis Tyrolensis. 1664. 8vo.

9) Propositiones iuridicae de fine vtriusque iuris. 1666. 8vo.

10) Nomothesiae feudalis certa, incerta pleraque omnia. *Salisburgi* 1667. 12mo.

11) Dissertationis iuridicae de processu iudiciario Pars I. exhibens personas, quae circa iudicium versantur. *Salisburgi* 1667. 4to.

12) Flo-

12) Florilegium iuridicum ex septem Pandectarum partibus collectum. 1668. 12mo.

13) De clementia quaestiones iuridico - politicae. 1669. fol.

14) Paroemiae et quaestiones iuridico - politicae. 1669. 4to.

XIX.

Gregorius Kimpfler war von Salzburg gebürtig, und nahm 1641 in dem Kloster Scheyrn den Benediktinerorden an. Er studierte hierauf von 1646 an im Convict zu Salzburg, und erhielt bey der dasigen Universität den 1. Jul. 1653 die juristische, und am 8. eben desselben Monates und Jahres zugleich auch die theologische Doktorwürde. Er übernahm sodann das Lehramt des geistlichen Rechtes; welches er fünf Jahre hindurch bis 1658 mit vielem Beyfalle verwaltete. Er kehrte hierauf in sein Kloster zurück, wurde daselbst anfangs zum Prior, und bald darauf gar zum Abte erwählet. Nachdem er der Abtey gegen 36 Jahre rühmlich vorgestanden, und inzwischen durch seine vorzügliche Verwendung die Benediktiner = Congregation in Bajern zu Stande gebracht hatte, starb er den 4. Novembr. 1693 im 68 Jahre seines Alters. Seine Schriften sind folgende:

1) Con-

1) Confoederatio inter ius canonicum et ciuile ex cap. 1. de noui operis nuntiatione. 1654. in 4to.

2) Refolutiones iuridicae de contractibus. 1655. in 4to.

3) Difputatio de fponfalibus et matrimonio ex Lib. IV. Decretalium. 1655. in 4to.

4) Cafus iuridicus ex Tit. de conuerf. coniug. 1656. in 8vo.

5) Tractatus theologico - moralis in decem decalogi et quinque praecepta Ecclefiae per fe, qui centum cafus elucubratus. in 8vo.

6) Manuductio ad perfectionem religiofam per vias rectas et planas, pro fratribus nouitiis exemptae Congregationis Bauaricae in Nouitiatu communi inftituendis. *Romae* 1690. in 4to.

XX.

Jofeph Bernard Glette *) warb gebohren zu Augsburg im Jahre 1654, ftudierte die Rechte zu

Salz-

_____

*) So, und nicht Glettle pflegte er fich felbft zu fchreiben.

Salzburg unter **Hermes** und **Braun**, und empfieng
im Jahre 1681 zu Ingolstadt die juristische Doktorwürde. Anfangs lehrte er an der hohen Schule zu
Dillingen die Institutionen, im Jahre 1684 aber
wurde er nach Salzburg berufen, und bey der dasigen
Universität zum ordentlichen Lehrer der Pandekten bestellet. Dieses Lehramt verwaltete er bis 1688; in
welchem Jahre er zur ersten juristischen Lehrstelle, nämlich zur Professur des Codex und des deutschen Staatsrechts, hinaufrückte, und zugleich mit der Würde eines hochfürstl. Salzburgischen Raths beehret wurde.
Er war unstreitig einer der gründlichsten und aufgeklärtesten Salzburgischen Rechtslehrer, und besaß
nicht nur eine ausgebreitete Belesenheit, sondern wußte
auch den Werth der Bücher mit kritischem Scharfsinne
zu bestimmen; so wie man sich hievon aus verschiedenen Stellen seiner Werke hinreichend überzeugen kann.
Man sehe z. B. nur die Quaestiones iuris ex tertia
parte Pandectarum cap. 21. num. 1. wo die Ausleger der Pandekten gemustert werden, vorzüglich aber
seine Selecta iuris publici cap. 1. wo über die bis
dorthin erschienenen Publicisten eben so richtige, als
freymüthige Urtheile gefället werden. Auch sein lateinischer Styl war reiner, und seine Lehrart systematischer, als man es an den damaligen, besonders katho

lischen

lischen Rechtslehrern gewohnt war. *) Schade, daß
dieser würdige Mann sein Leben nicht höher, als auf
42 Jahre gebracht hat; denn er starb schon den 26.
Jul. 1696 zum großen Verlurst der damals erst auf-
keimen-

---

*) Um meine Leser mit dem Vortrage und Scharffinne dieses
Gelehrten nur ein wenig bekannt zu machen, kann ich mich
nicht enthalten, aus seiner Vorrede zur Iurisprudentia fund-
damentall hier eine Stelle einzurücken: Si vlla alia, certe
disciplina iuris infelici fato regitur, quod tam pauci occur-
rant, qui excolendae studium pertinax ac indefeffum im-
pendant. Themidi illuftrandae innumeri libri componun-
tur, ac deterfa preli fuligine quotidie in lucem fumant;
fed paucos inuenias, candido lapillo dignos. Nemo non
fcriptitat; fed rari occurrunt, qui manum feriam et calamo
fcientifico inftructam iurisprudentiae exornandae admoueant.
Quam multos reperias, qui doctrina fufficiente non inftruc-
ti, ac nefcio, qua intemperie ad fcribendum abrepti, fefti-
natis votis id dant faeculo, quod pudorem mox fuis excu-
tiat auctoribus. Hi, dum fententias ad lucernam non
examinant, dum ordine fua non digerunt, fed temere char-
tis illiniunt, et calore praepropero effundunt; futilia, non
vtilia, laborata, non elaborata, ex alieno fine fronte fub-
lecta, non electa, lutulenta, non luculenta: verbo, libros, turis piperisque cucullis aptos, ac aeternis dignos tenebris, obfcuro partu in lucem protrudunt. Hinc fenten-
tia hodie vix vlla occurrit tam abfurda, quae patronum non
inueniat: caufa vix vlla tam conclamata, cui auctor im-
preffus non fuffragetur: opinio vix vlla tam proiecta, quam
non liber, typis excufus, calculo fuo muniat. Certe, fi
aetate Flauii noftri Iurisprudentia mole fua vifa eft labora-
re, noue Iuftiniano hodieque opus effe dixeris, a quo
fcriptorum iuridicorum intemperies caftigetur.

lehmenden Universität, und verewigte seinen Namen
durch folgende Schriften:

1) Affertiones Iuridicae ex vniuerfo iure felectae. *Salisburgi* 1685. 4to. Denuo euulgatae.
ibidem 1708. 4to.

2) Ius ciuile ad normam Inftitutionum accurata methodo concinnatum. *Salisb.* 1685. 8vo.
Editio quarta correctior. *ibid.* 1727. 8vo.

3) Tractatus canonico - ciuilis de Teftamen-
tis. Pars I. *Salisb.* 1675. Neu aufgeleget. Ebendaselbst 1705 und 1733. In 4to.

4) Tractatus canonico - ciuilis de Teftamen-
tis. Pars II. de fubiecto et obiecto Teftamenti.
ibidem 1686. Neu aufgelegt. Ebendaselbst
1725, in 4to.

5) Iurisprudentia terribilis, feu tractatus iuridicus de criminibus et delictis in genere et in
fpecie, nec non proceffu criminali. *ibid.* 1687.
Neu aufgelegt. Ebend. 1708, in 4to.

6) Tractatus iuridicus de criminibus publicis
in genere, ac in fpecie de crimine Maieftatis,

Hae-

Haerefi, Apoftafia et Blafphemia. *ibid.* 1688,
Ingleichen 1708. in 4to.

7) Quaeftiones iuris ex prima parte Pandectarum et concordantibus titulis Codicis felectae.
ibidem. 1688. Ingleichen 1705 und 1733. in 4to.

8) Quaeftiones iuris ex fecunda parte Pandectarum. 1688. Ingleichen 1706 und 1725. 4to.

9) Quaeftiones iuris ex tertia parte Pandectarum. 1695. Ingleichen 1714. 4to.

10) Quaeftiones iuris ex quinta parte Pandectarum. 1692. Ingleichen 1727, 4to.

11) Iurisprudentia fundamentalis, feu prima
et immota principia totius Iurisprudentiae. *Salisb.* 1691. Editio noua. *ibid.* 1735. in 4to.

12) Selecta iuris publici. *ibid.* 1693. fol. Denuo euulgata. *ibid.* 1708. 4to.

13) Tractatus iuridicus de Pactis et Contractibus, antehac in alma et epifcopali Dillingana
Vniuerfitate publicae difputationi expofitus, nnnc

in

in gratiam ſtudioſorum denuo euulgatus. *Sa-lisb.* 1714, 4to.

14) Legis Amortizationis et Immunitatis ec-cleſiaſticae anatomia iuridica a D. *Ioſ. Bernardo Gletle* etc. adhuc viuente iam praelo ſubmiſſus, praediuitum Benedictinorum inuidia adhuc in cunabulis ſuffocatus, nunc autem ab aliquo au-ditorum eius luce publica donatus. Tractatus poſthumus. *Argentinae* 1714. in 12mo. Edit. noua. *Heidelbergae* 1740. in 8vo.

Der ungenannte Herausgeber dieſes Traktats erzählet in dem Vorbericht, daß Gletle denſelben ſchon bey ſeinen Lebzelten, mit Gutheißung der theologiſchen und juriſtiſchen Fakultät in Salz-burg, habe drucken laſſen. Dieſe Fakultäten müſſen alſo damals ſchon ſehr hell gedacht ha-ben, weil ſie den Druck eines ſo freymüthigen und dem Intereſſe der Geiſtlichkeit ſo nahe tre-tenden Werkes geſtattet haben. Aſt vbi de more annuatim conſucto (fährt er in ſeiner Erzählung fort) ad viſitationem Vniuerſitatis, Praeſidis atque Aſſiſtentium munere fungen-tes, Abbates confluebant, et ob proprium intereſſe rigidiori hoc opuſculum cenſebant virga, atque plus quam aegyptiis tenebris ve-rita-

ritatem obfufcandam reputabant; defendebat vir praeclariffimus afferta fua mordicus nec latum retro cedebat vnguem. Tandem argumentis et rationibus veritatem impugnare impotentes Abbates, blanditüs, precibus atque promiffis tantum effecere, vt, dum exemplaria impreffa omnia ipfi emerent, atque de labore impenfo viro doctiffimo praegrandi honorario fatisfacerent, petitioni illorum affentiret, atque ad fupprimendum libellum hunc confentiret. Attamen ex ipfius defuncti Auctoris relicta bibliotheca vnum et alterum exemplar in manus meas peruenit. Ego thefaurum hunc multis iam annis abfconditum aeternae veritati, litterariae Reipublicae, nec non publico bono impraefentiarum dico, dedico atque dono. — Diefer Hergang machet nun der Denkungsart der damaligen Prälaten freylich nicht viel Ehre; und es ist daher kein Wunder, daß ihn vormals einige Ordensfchriftfteller, als P. Franz Schmier in Iurisprudentia canonico - ciuili, Tom. II. Lib. III. p. 543. und der Verfaffer der Hiftoriae Vniuerfit. Salisburg. p. 376. zu verfchleyern, und die Welt zu überreden gefuchet haben, als ob diefer Traktat nicht von Gletle verfaßt, fondern demfelben unterfchoben worden wäre. Sie fagen,

der

der Herausgeber sey ein Betrüger gewesen; allein
sie sagen das nur, ohne es zu beweisen. Uebri=
gens findet sich von Gletle und seinen Schriften
auch eine gute Nachricht in *Francisc. Ant. Veith*
Bibliotheca Augustana, Alphab. I. p. 73 — 77.

XXI.

Cölestin Sfondrati ward gebohren zu Meiland
1644, und stammte aus der uralten Familie der Mar=
quisen von Sfondrati. Im zwölften Jahre seines Al=
ters wurde er von seinen Eltern nach Roschach am
Bodensee geschickt, damit er an diesem Orte, wo da=
mals die Mönche von St. Gallen ein Gymnasium
hatten, den untern Schulwissenschaften obliegen, und
nebenher auch die deutsche Sprache erlernen sollte.
Hier zeichnete er sich sowohl durch die Fähigkeit seines
Geistes, als durch die Güte seines Herzens vor seinen
Mitschülern musterhaft aus. Die Lobsprüche, die er
darüber von seinen Lehrern erhielt, flammten seinen
Studiereifer immer mehr an, und flößten ihm zugleich
gegen den Benediktinerorden eine solche Neigung ein,
daß er sich entschloß, mit Hintansetzung aller der glän=
zenden Aussichten, die er in der Welt vermöge seiner
hohen Geburt hoffen konnte, selbst ein Mitglied dieses
Ordens zu werden, und sich auf diese Art ganz den
Wissenschaften und dem beschaulichen Leben zu widmen.
Er zog daher in der ersten Blüthe seiner Jugend in
dem

dem fürſtlichen Stift zu St. Gallen den Benediktiner-
habit an. Kaum hatte er das 22 Jahr ſeines Alters erreichet, als er im Stift Kempten die Theologie,
und hernach einige Jahre zu Hauſe die Philoſophie
und das Kirchenrecht lehrte. Im Jahre 1679 den
14. Novembr. wurde er an der hohen Schule zu
Salzburg zugleich zum Doktor der Theologie und beyder Rechte ernannt, und erhielt anbey das Lehramt
des geiſtlichen Rechtes, welches er bis 1682 mit einem ſo ausgebreiteten Ruhme verwaltete, daß der
Hörſaal die Menge ſeiner Zuhörer oft nicht faſſen
konnte. Auch erwarb er ſich bey der Univerſität ein
ſolches Zutrauen, daß ihm von derſelben die Widerlegung der vier bekannten Säße der franzöſiſchen Kle-
riſey, welche von dieſer 1682 den 19. März auf einer Nationalverſammlung zu Paris in Anſehung der
päbſtlichen Gewalt waren feſtgeſetzet worden, und damals auch vorzüglich zu Salzburg viel Aufſehens
verurſachet hatten, auf Befehl des Erzbiſchofs Maximilian Gandolf übertragen wurde. Er verfaßte
hierauf das bekannte Werk: Regale Sacerdotium;
wodurch er ſich in Deutſchland und Italien ungemein
viel Ruhm erworben, und zugleich den Weg zu ſeinen
nachherigen Ehrenſtellen an dem päbſtlichen Hofe ge-
bahnet hatte. Als er zu Anfange des Jahres 1683
in ſein Kloſter zurückgekommen war, wurde er von
ſeinem Fürſtabte anfangs als Dorfpfarrer unweit Ro-
ſchach

schach angestellet, bald hernach aber zu dessen Gene-
ralvikar in geistlichen Sachen ernannt. Da inzwischen
seine Schriften zu Rom bekannt wurden, gab ihm
Pabst Innocenz XI. im Jahre 1686 das Bisthum
Novara zur Belohnung seiner dem römischen Stuhle
geleisteten Dienste. Allein ehe er noch dasselbe ange-
treten hatte, starb der Abt zu St. Gallen, und er
wurde den 16. April 1687 an dessen Stelle erwählet.
Er verbath sich daher das Bisthum Novara, und
übernahm dafür die Regierung seines fürstlichen Stiftes. Noch auf diesem glänzenden Posten setzte er, so
viel es die Regierungsgeschäfte zuließen, seine Studien
unermüdet fort, und theilte von Zeit zu Zeit der Welt
die Früchte seiner litterarischen Nebenstunden mit.
Vorzüglich wählte er sich die Aufrechthaltung der
päbstlichen Gerechtsame zum Hauptzweck seiner Schriftstellerey; und es gestehen ihm sowohl katholische, als
protestantische Schriftsteller das Lob zu, daß niemand
mit mehrerem Nachdruck und größerer Gelehrsamkeit,
als er, die Hoheit des Pabstes gegen die damaligen
Angriffe der französischen Gelehrten vertheidiget hat. *)
Pabst Innocenz XI. erkannte es auch selbst sehr wohl,
wie eifrig Sfondrati für ihn bey seinen Streitigkei-
ten mit der Krone Frankreich die Feder geführt, und

wel-

*) S. Nicol. Hieron. Gundlings vollständige Historie der
Gelährheit. Dritt. Theil. S. 90. S. 3755, folg.

welchen Dienst er dadurch dem päbstlichen Hofe erwiesen hätte; und da er ihn schon einmal hiefür mit Verleihung des Bisthums Novara belohnen wollte, so entschloß er sich endlich im Jahre 1695 denselben gar zur Kardinalswürde zu erheben, und nach Rom in das heilige Collegium zu berufen. Sfondrati nahm diesen Ruf an, und reisete das folgende Jahr wirklich nach Rom; allein kaum hielt er sich in dieser Stadt 6 Monate auf, als er den 4. Septembr. 1696 im 52. Jahre seines Alters plötzlich dahin starb. Er hinterließ folgende Schriften, welche zum Theile erst nach seinem Tode im Drucke erschienen sind.

1) Curſus theologicus. X. Tomi. *S. Galli* [1670. in 12mo.

2) Diſputatio iuridica de lege in praeſumptione fundata. *Salisburgi* 1681. fol. Ad multorum inſtantiam et ſummam vtilitatem iuris ſtudioſorum denuo recuſa. *Salemii* 1718. 8vo.

3) Regale Sacerdotium Romano Pontifici aſſertum, et quatuor propoſitionibus explicatum. *S. Galli* 1684. in 4to. Editio noua. *ibidem.* 1749. 4to.

Auch iſt dieſes Werk befindlich in *Ioannis Thomae de Rocaberti* bibliotheca maxima pontificia Tom. XI. Dieſe Bibliothek iſt eine Sammlung von Schutzſchriften für den päbſtlichen Stuhl, und zu Rom von 1695 bis 1699 in 21 Bänden in Fol. herausgekommen.

4) Curſus philoſophicus Monaſterii. S. Galli. III. Tomi. S. *Galli* 1686. in 4to.

5) Gallia vindicata, in qua teſtimoniis exemplisque gallicanae praeſertim Eccleſiae, quae pro Regalia, ac quatuor Pariſienſibus propoſitionibus a Ludouico Maimburgo aliisque producta ſunt, refutantur. II. Tomi S. *Galli* 1688. 4to. Editio noua. *ibid.* 1702.

6) Legatio Marchionis Lauardini Romam, eiusque cum Romano Pontifice Innocentio XI. diffidium; vbi agitur de iure, origine, progreſſu et abuſu Quarterium Franchitiarum ſeu Aſyli etc. et refutantur rationes a Lauardini Aduocato productae in libello, cui initium: Si l'Auteur. 1688. in 12mo.

7) De baptiſmo infantium. in 4to.

D   8) Ne-

8) Nepotifmus theologice expenfus. 1692, in 12mo.

9) Innocentia vindicata; in qua grauiſſimis argumentis oſtenditur, angelicum doctorem D. Thomam pro immaculato conceptu Deiparae fenſiſſe et ſcripſiſſe. S. Galli 1695. in fol.

Diefes Werk iſt in der Folge auch verdeutſchet worden unter dem Titel: Die erledigte Unſchuld, in welcher erwieſen wird, daß der engliſche Lehrer geſchrieben habe für die unbefleckte Empfängniß der Mutter Gottes. Augsburg 1718. in 8vo.

10) Nodus Praedeſtinationis diſſolutus. S. Galli 1697. 4to. Editio noua. Coloniae 1705. in 8vo.

11) Quindena Mariana, feu XV. orationes ad fodales quondam Marianos dictae. S. Galli. 1744. in 8vo.

Von dem Leben diefes berühmten Benedikti-ners finden ſich auch Nachrichten in Magnoald Ziegelbauers Hiſtoria rei litterar. ord. S: Be-nedicti. Part. III. pag. 416 — 420.

XXII.

XXII.

Anton Hermes war zu Köln gebohren, kam aber bereits in der ersten Kindheit mit seinem Vater, dem Professor Hermann Hermes, nach Salzburg. Hier studierte er die ersten Schulwissenschaften und Philosophie unter den Benediktinern, die Rechtswissenschaft aber erlernte er vorzüglich unter der Anführung seines Vaters. Am 5. Oktobr. 1660 disputirte er öffentlich unter dem Vorsitze desselben, und am 26. April 1677 wurde er, nachdem er inzwischen einige Zeit zu Speyer prakticirt hatte, von ihm zum Doktor der Rechte befördert. Im Jahre 1679. bekam er eine ausserordentliche juristische Lehrstelle, und nach dem im Jahre 1680 erfolgten Hinscheiden seines Vaters erhielt er das ordentliche Lehramt der Institutionen, welches er 1688 mit der Professur der Pandekten verwechselte. Durch ein Diplom vom 29. December 1691 erhob ihn Kaiser Leopold in den Adelsstand mit dem Prädikat: Hermes von Fürstenhof. 1696 erklärte ihn der Erzbischof von Salzburg zu seinem wirklichen Hofrath, im folgenden Jahre aber schickte er ihn nach Regensburg, als Salzburgischen Reichstagsgesandten; allein Hermes blieb nicht lange auf diesem glänzenden Posten; denn er starb noch im nämlichen Jahre 1697 zu Regensburg. Meines Wissens hat er nichts zum Drucke befördert.

D 2 XXIII.

XXIII.

Ernest Friedrich von Someting war geboh-
ren zu Linz in Oesterreich, *) und studierte die Rechte
zu Salzburg, wo er 1691 unter dem Vorsitze des
damaligen Kanonisten, P. Robert König, öffentlich
disputirte, und hierauf von demselben am 23. April
desselben Jahres zum Doktor der beyden Rechte befördert wurde. Noch in diesem Jahre kam er als
Rechtslehrer nach Tirnau in Ungarn, und lehrte daselbst die Institutionen bis 1695, in welchem Jahre
er nach Salzburg als ordentlicher Professor der Pandekten berufen wurde; im folgenden Jahre aber erhielt er an der dasigen Universität schon die erste
juristische Lehrstelle, nämlich das Lehramt des Codex
und des deutschen Staatsrechtes; allein so schnell er
von einer Stufe zur andern emporstieg, eben so plötzlich verwelkte auch sein Leben; denn wie dieser thätige
und hoffnungsvolle Mann an der hohen Schule zu
Salzburg das Lehramt der Pandekten nur Ein Jahr
bekleidete, so war er da auch nur Ein Jahr Publicist; indem er bereits den 7. Septembr. 1697 durch
einen

---

*) Ein leiblicher Bruder desselben, Anton von Someting,
war Benediktiner zu Garsten in Oesterreich; welcher unter
dem erdichteten Namen: Johann Dietrich Fregismont,
einen Discursum historico - iuridico - politicum de Docto-
rum dignitate, nobilitate, priuilegiis et praeminentia (Salisburgi 1673. in 12mo.) herausgegeben hatte.

einen frühzeitigen Tod, im 27. Jahre seines Alters,
dahin geraffet wurde. Uebrigens war er zugleich auch
kaiserl. Hofpfalzgraf und hochfürstl. Salzburgischer
Rath, und hinterließ folgende Schriften:

1) Manipulus Controuerſiarum ex vniuerſo
iure. *Salisburgi* 1696. in 4to.

2) Semicenturia controuerſiarum illuſtrium
ex vniuerſo iure canonico, publico, ciuili, criminali, feudali. *Salisb.* 1696. in 4to.

3) Introductio in vniuerſum ius iuxta ſeriem
IV. librorum et titulorum Inſtitutionum Imperialium, ex iure naturae, gentium, canonico,
publico, priuato, feudali, criminali concinnata.
ibidem 1697. in 8vo — Poſtea augeri coepta
a P. *Roberto Koenig* etc. poſt mortem eius vero plus tertia parte auctior reddita a *Ioſepho
Adamo Ayblinger* etc. *Salisb.* 1714. in 4to. Editio noua. *ibidem.* 1729. in 4to.

XXIV.

Johann Anton Lindner wurde am 17. Jänner
1689 zum Lehramt der Inſtitutionen erhoben, und
eröffnete hierauf am 5. März ſeine Vorleſungen vermittelſt einer feyerlichen Antrittsrede. Am 9. Novembr.

vembr. 1695 übernahm er die Profeſſur der Pandekten, und 1698 den 5. Novembr. gieng er aus der
Welt, ohne ein litterariſches Produkt zu hinterlaſſen.
Uebrigens prangte er auch mit dem Titel eines hoch-
fürſtlichen Raths.

XXV.

Rupert Klimpfler war gebohren aus einem
adelichen Geſchlechte zu Salzburg den 18. Septembr.
1638. Er ſtudierte die Philoſophie in ſeiner Vaterſtadt, und trat hierauf in das Benediktinerkloſter zu
Kremsmünſter, wo er den 30. Novembr. 1655 die
Ordensgelübde ablegte. 1659 kam er in das Convict nach Salzburg, und ſtudierte da die Gottesgelehrtheit. In der Folge beſuchte er auch die hohe Schule
zu Ingolſtadt, und erhielt daſelbſt 1669 die juriſtiſche
Doktorwürde. 1673 bekam er den Ruf an die Univerſität zu Salzburg als Profeſſor des Kirchenrechtes.
Dieſes Lehramt verwaltete er bis 1678, in welchem
Jahre ihn die Benediktiner zu Gleink zu ihrem Abte
poſtulirten. Er führte die abteyliche Würde volle 30
Jahre hindurch mit vieler Klugheit, und wurde daher
nicht nur von ſeinen Untergebenen allgemein geliebt,
ſondern erwarb ſich auch bey den Oeſterreichiſchen Land-
ſtänden ober der Ens ein ſolches Zutrauen, daß er
zum ordentlichen Deputirten des Prälatenſtandes bey
der Landſchaft zu Linz ernannt, und zu den wichtig-

ſten

ften Berathschlagungen beygezogen wurde. Er hielt
sich daher öfters in dieser Stadt auf, und starb auch
daselbst den 6. Decembr. 1708, als er sich eben wegen Landesangelegenheiten dahin begeben hatte. Er
schrieb:

Difputatio iuridica de confuetudine, eiusdem-
que praecipuis in vtroque iure et foro effecti-
bus. *Salisburgi* 1675. in 4to.

Seine Lebensgeschichte findet sich auch in
Hieronymi Befange fynopfi vitae Religiofo-
rum ord. S. Bened. Cremifani profefforum.
(Styrae 1777.) pag. 65.

XXVI.

Martin Resch war gebohren den 13. Septemb.
1649 zu Gmunden in Oberösterreich. Die ersten
Schulwissenschaften erlernte er zu München, die Philosophie und Mathematik aber zu Ingolstadt. Im
Jahre 1668 studierte er die Rechte in Salzburg, legte
sich vorzüglich auf fremde Sprachen, wurde Hofmeister der hochfürstl. Edelknaben, dann Geheimschreiber
des Bischofs Polykarp von Küenburg zu Gurk, und
endlich auf erzbischöfliche Kosten beyder Rechte Doktor.
Er gieng hierauf nach Gräz, übte sich da in der gerichtlichen Praxis, und ward bald nachher zum Salz-

bur-

burgischen Hofrath ernannt. Allein er nahm dafür
seinen Weg nach Kremsmünster, und trat daselbst im
Jahre 1680 in den Benediktinerorden. Nach zweyen
Jahren darauf, nämlich 1682, wurde er nach Salzburg berufen, um daselbst an Kardinals **Sfondrati**
Stelle zu treten, und über das Kirchenrecht vorzule-
sen. Im Jahre 1688 kehrte er wieder in sein Kloster zurück, wo er Novitzenmeister, Prior und 1698
Pfarrer zu Vorchdorf wurde. Im Jahre 1703 wurde er zweymal in Geschäften der Abtey an die Lan-
deshauptmannschaft in Linz, und 1704 mit Abt Alexander Strasser an den Wiener Hof abgeordnet. Im
nämlichen Jahre noch ward er zum Abte seines Klosters, und zum Aßistens der Universität in Salzburg
erwählet. Er errichtete in Kremsmünster zwey Lehr-
stühle für die Moraltheologie, sorgte sehr eifrig für
Bibliothek und Schulen, und ließ sehr viele akademische Disputationen halten. Seine widrigen Gesund-
heitsumstände nöthigten ihn, am 21. Jul. 1709 die
Abtey zu resigniren. Er starb auch noch an eben-
demselben Jahre den 12. Decembr. an einem Schlag-
flüße. Er hatte mehrere Handschriften ausgearbeitet,
wovon aber, meines Wissens, nur folgende im Drucke erschienen ist:

Dissert. de iure Patronatus. *Salisb.* 1685. 4to.

Von

Von ihm handelt auch Pachmayr in Anna-
lib. Cremifan. Tom. IV. pag. 627 — 647.

XXVII.

Robert König ward gebohren 1658 zu Gmunden in Oberöſterreich, und trat 1676 zu Garſten in
den Benediktinerorden. Am 31. Oktobr. 1685 wurde er zu Salzburg durch den damals berühmten Profeſſor Joh. Balthaſar Braun zum Doktor der
Rechte befördert, und übernahm hierauf das Lehramt
des kanoniſchen Rechtes, auch erhielt er zugleich den
Charakter eines Salzburgiſchen geiſtl. Raths. Dieſes
akademiſche Amt verwaltete er gegen 12 Jahre, und
da er die Gabe eines faßlichen und anziehenden Vor-
trages in hohem Grade beſaß, ſo zählte er immer
eine Menge Zuhörer. Am 7. May 1697 legte er
ſeine Lehrſtelle nieder, behielt jedoch den Charakter eines wirklichen Profeſſors bey, und machte eine Reiſe
nach Rom. Nach ſeiner Heimkunft wurde er Stadt-
pfarrer zu Steyer in Deſterreich. Im Jahre 1705
den 13. Auguſt wurde er einhellig, nur eine einzige
Stimme ausgenommen, zum Rektor der hohen Schule
in Salzburg erwählet; allein am 26. Jun. 1708 reſignirte er die Rektorswürde, und kehrte wieder nach
Steyer zu ſeiner Pfarre zurück. Indeſſen wurde er
den 4. Novembr. 1711 abermal zum Rektor erwählet.
Er gab dann ſeine Pfarre auf, gieng wieder nach

Salz-

Salzburg, und bekleidete das Rektorat bis 1713, in welchem Jahre er den 26. August an einem Schlage gestorben ist. Er schrieb:

Principia iuris canonici ex libro I, et II. ex libro III. IV. et V. Decretalium Gregorii IX. Pontificis M. *Salisburgi* 1691. in 4to. Editio quarta prioribus correctior. *ibidem.* 1725. Tomi II. in 4to.

XXVIII.

Franz Ignaz Woller, in der Folge von Wolleren, Edler in Wollersfeld des heil. Röm. Reichs Ritter, ward gebohren 1661 zu Klagenfurt in Kärnthen. Schon im 15. Jahre seines Alters fieng er die juristischen Studien an, und als ein Jüngling von 20 Jahren erhielt er an der hohen Schule zu Ingolstadt 1681 die juristische Doktorwürde. Ungefähr drey Jahre darnach wurde er zu Dillingen Professor der Institutionen; im Jahre 1687 am 27. März aber bekam er an der Universität zu Insbruck das Lehramt des bürgerlichen und Lehenrechtes, und wurde daselbst 1691 auch K. K. Oberösterreichischer Regierungsrath. Allein im Novembr. 1697 verließ er Insbruck, und begab sich nach Salzburg, wo er bey der Universität zum ordentlichen Lehrer des Codex und des deutschen Staatsrechtes befördert, und zugleich zum

zum hochfürstl. Rath ernannt wurde, in der Folge
aber wurde er gar zur Würde eines wirklichen geheimen Raths erhoben; eine Ehre, welche vor ihm keinem weltlichen Rechtslehrer, und nach ihm nur dem
einzigen Professor Herz, dem Aeltern, zu Theil wurde. Am 12. May 1710 reisete er als erzbischöflicher
Gesandter an das K. K. Hoflager nach Wien, und
wurde vermuthlich bey dieser Gelegenheit in den Reichsadelstand erhoben. Er stand überhaupt in einem großen
Ansehen, und wahrscheinlich hat es die hiesige Universität dem guten Rufe dieses Lehrers vorzüglich zu
danken, daß sie gerade um diese Zeit von den meisten
ausländischen Cavalieren besuchet wurde; denn in dem
einzigen Jahre 1712 belief sich die Anzahl der hier
studierenden Grafen und Freyherren beynahe auf 100
Köpfe. *) Dieser verdienstvolle Mann wurde den 11.
Jänner 1717 durch einen gähen Tod im 56. Jahre
seines Alters dahin geraffet, eben zur Zeit, als er
sich in seiner Studierstube mit der Ausarbeitung eines
wichtigen Rechtfalles beschäftigte. Er schrieb:

1) Discursus iuridicus de restitutione in integrum minorum. *Oeniponti* 1687. 8.

2) Quaestiones selectae ex iure vniuerso
Oenipontanae. *ibid.* 1690. fol.

3) Trac-

*) S. allerneuest. Staat des Erzbisthums Salzburg. S. 169.

3) Tractatus iuridicus de compenfationibus. *ibid.* 1691..8.

4) Differt. de mutuo et rebus creditis *ibid.* 1691. 4.

5) Quaeftiones felectae ex iure canonico, publico, ciuili et feudali. *Salisburgi* 1698. fol.

6) Alma Mater Salisburgenfis Metropolitana fedes in filias Seccouienfem et Lauantinam epifcopales ecclefias datis nouis digniffimis fponfis feliciter benefica. Menfe Octobri anno 1703. et menfe Martio anno 1704. *Salisburgi* 1704. fol.

Es find eigentlich zwo Reden, welche bey Beftätigung der Bischöfe gehalten, und worinn, befonders in der letztern, die geistlichen fowohl, als weltlichen Vorzüge des Erzstiftes Salzburg in einem guten Vortrage abgehandelt worden sind. Auch findet sich davon ein Auszug in P. *Hanfizii* Germania facra. Tom. II. pag. 1079.

7) Iuftitia et aequitas digne coronans dotes et merita, feu actus confirmationis noui Epifcopi Seccouienfis Reuerendiffimi et illuftriffimi DD. Iofephi ex comitibus de Lamberg. *ibid.* 1712. fol.

8) Di-

8) Diluculum felicitatis Auſtriacae, ſeu AV-
rora ConsVrgens e DoMo AVſtrIaCa. *ibid.*
(1716.) fol.

Von ihm und ſeinen Schriften geſchieht auch
eine Erwähnung in Ignaz de Luca's Journal
der Litteratur und Statiſtik. I. Band im An-
hange S. 50.

XXIX.

Johann Baptiſt Moſer, welcher bisher bey
der Rechte Licentiat, und Advokat zu Botzen in Tyrol geweſen war, wurde zu Anfange des Jahres 1675
nach Salzburg, als ordentlicher Profeſſor der Inſtitutionen, berufen, und am 6. März darauf zum Doktor der Rechte befördert. Er lehrte dann die Inſtitutionen bis 1680. In dieſem Jahre übernahm er
das Lehramt der Pandekten, welches er aber im Februar 1684 freywillig reſignirte. Er gieng dann von
Salzburg weg, und kam als kaiſerl. königl. wirklicher
Regierungsrath nach Insbruck, in der Folge erhielt
er auch den Adelſtand mit dem Prädikat: Moſer von
Moshoff, und wurde endlich, in Anſehung ſeiner
vieljährigen Praxis und gründlichen Rechtswiſſenſchaft,
von Seite des Oeſterreichiſchen Kreiſes zum Beyſitzer
des kaiſerl. und Reichs.ammergerichts in Wezlar prä-
ſentirt; wo er den 26. Auguſt 1711 aufgeſchworen,
und

und nachdem er hierauf die Beyſitzersſtelle 7 Jahre hindurch mit einem unbeſiegbaren Juſtitzeifer verwaltet hatte, den 18. Oktobr. 1718 ſein Leben beſchloſſen hat. *) Er ſchrieb:

1) Diſſertatio de requiſitis et ordinationé teſtamentorum ſolemnium. 1679. 4to.

2) Tractatus de his, qui teſtamenta facere poſſunt. 1681. 4to.

3) Diſſertatio iuridica de condictione indebiti. 1683. 4to.

4) Collatio bonorum. 1684. 4to.

XXX.

Joseph Adam Aublinger ward gebohren zu Augsburg den 18. März 1664, wo ſein Vater Marquard Jakob Aublinger gräflich Fuggeriſcher Verwalter in der Fuggerey geweſen war. Er ſtudierte anfangs zu Dillingen, und dann zu Salzburg, wo er ſich den 19. Novembr. 1697 die juriſtiſche Doktorwürde ertheilen ließ, nachdem er ſchon vorher den 15. September. deſſelben Jahres den Ruf, als Profeſſor in,

Dillin-

*) S. Georg Melch. von Ludolf's de iure camerali comment. ſyſtemat. Append. VII. pag. 293.

Dillingen, erhalten hatte. Zu Dillingen lehrte er 3 Jahre die Inſtitutionen, des Römiſchen Rechtes, den 10. May 1700 aber erhielt er das ordentliche Lehramt der Inſtitutionen in Salzburg, und den 1. May 1709 wurde er mit dem Charakter eines hochfürſtl. Salzburgiſchen Rathes beehret. Im Jahre 1717 übernahm er das Lehramt der Pandekten, und verſah daſſelbe bis an ſeinen Tod. Er ſtarb nach einer fünfmonatlichen Krankheit den 21. Decembr. 1722, nachdem er zu Salzburg 17 Jahre die Inſtitutionen, und 6 Jahre die Pandekten gelehret hatte. Er ſchrieb:

1) Subſtitutio vulgaris. 1701.

2) Subſtitutio pupillaris. 1706.

3) Vſusfructus. 1707.

4) Libellus in iudicio proponendus. 1715. in 8vo.

5) Via ad altiorem Iurisprudentiam, ſeu commentatio ad Inſtitutiones imperiales D. Iuſtiniani. *Salisburgi* 1718. in 4to. Secunda vice recuſa. *ibidem* 1736. in 4to.

6) Com-

6) Commentarius ad quinquaginta libros Di-
geftorum feu Pandectarum fcientifica methodo
concinnatus, ac Iuftinianei Iuris principia mo-
nitis hodierni vfus hinc inde attemperans. Opus
pofthumum. *Salisburgi* 1726. in 4to.   Editio
fecunda. *Auguftae Vindel.* fumptibus Martini
Veith 1746. in 4to.

XXXI.

Franz Schmier ward gebohren zu Grönenbach
in Schwaben, und legte den 8. Decembr. 1696 im
Benediktinerkloster Ottobeuern die feyerlichen Ordensgelübde ab.   Nachdem er hierauf die höheren Wissenschaften, besonders aber die Rechtsgelehrsamkeit studiert
hatte, wurde ihm den 5. Novembr. 1706 an der hohen Schule zu Salzburg die juristische Doktorwürde
ertheilet, und zugleich das Lehramt des kanonischen
Rechtes übertragen.   Er versah dieses Lehramt bis auf
das Jahr 1715.   Indessen wurde er den 6. Novembr.
1713 auch zum Rektor *magnificus* der Universität erwählet, und erhielt zugleich den Titel eines Salzburgischen geheimen Raths.   Das Rektorat verwaltete
er 15 Jahre hindurch bis an seinen Tod, und beschäftigte sich in den Nebenstunden, die ihm seine Amts-
verwaltung übrig ließ, unausgesetzt mit Studieren und
Bücherschreiben; und wenn man die Größe seiner
Werke betrachtet, so muß man den eisernen Fleiß dieser

ſes Mannes bewundern. Allein dafür ward er auch
ein frühzeitiges Opfer ſeines Fleißes; denn die be-
ſtändigen Kopfarbeiten ſchwächten allmählig ſeinen Ma-
gen, und zogen ihm endlich eine gänzliche Unverdau-
lichkeit zu. Er ſtarb an dieſem Uebel den 22. Novembr. 1728 im 48. Jahre ſeines Alters, und hinterließ folgende Schriften, welche zum Theile erſt nach
ſeinem Tode gedruckt worden ſind:

1) Iurisprudentia canonico - ciuilis ſeu ius
canonicum vniuerſum iuxta V. libros Decretalium. *Salisburgi* 1716. fol. III. Tomi. cum
ſupplemento. IV. Tomi. 1729. Nachgedruckt zu
Avignon 1738. und zu Venedig 1754. II. Tom.
in fol.

Es iſt eine Sammlung von 13 Traktaten, welche vorher einzeln erſchienen waren.

2) Iurisprudentia publica vniuerſalis ex iure
tum naturali tum diuino poſitiuo nec non iure
gentium, noua et ſcientifica methodo deriuata.
Salisb. 1722. fol. Neue Auflage 1742.

3) Conſultationes canonicae de coadiutoribus
et coadiutoriis Eccleſiarum Germaniae perpetuis.
Salisb. 1724. in 4to.

E   4) Iu-

4) Iurisprudentia publica Imperii Romano-Germanici, noua et scientifica methodo concinnata. *Salisb.* 1731. fol. Neue Auflage. 1742.

5) Iurisprudentia practico - confiliaria. *Augustae Vindelic.*. 1737. fol.

Diesem Werke sind die Nr. 3 bemerkten Consultationes canonicae am Ende wieder beygedruckt worden. Die Herausgabe desselben besorgte sein Bruder P. Benedikt Schmier, der es mit einer Vorrede und Dedication begleitete.

XXXII.

Joseph Bonaventura Franz war von Salzburg gebürtig, und erhielt am 24. Novembr. 1692 an der Universität seines Vaterlandes die juristische Doktorwürde. Noch am nämlichen Jahre den 3. Decembr. wurde er an gedachter Universität zu einem Ehrenmitglied der juristischen Fakultät erkläret, und bekam zugleich die Weisung, über das Recht der Novellen zu lesen. Am 7. Novembr. 1697 erhielt er das ordentliche Lehramt der Institutionen, und 1698, nach Lindners Tode, wurde er zwar zum Professor der Pandekten ernannt; allein er fieng erst am 9. Novembr. 1699 an, dieselben öffentlich zu erklären; denn da der Pfalzneuburgische Hofrath, Joh. Philipp

lipp Moraß, welcher an deſſen Stelle zum Lehrer
der Inſtitutionen hieher berufen wurde, gleich wieder
von Salzburg wegging, ſo mußte Franz noch ein
ganzes Jahr hindurch die Inſtitutionen fortlehren, und
es wurden daher von 1698 bis 1699 über die Pandekten gar keine Vorleſungen gehalten. Am 24. Jäner 1699 wurde er auch zum hochfürſtl. Rath ernannt, und endlich 1717 erhielt er die Profeſſur des
Codex und des deutſchen Staatsrechts. — Dieſes Lehramt verwaltete er bis an ſeinen Tod, und ſtarb den
27. Jul. 1730 an einem Schlagfluße, nachdem er
an der Univerſität 38 Jahre die Rechte gelehret hatte.
Er war ein fleißiger akademiſcher Lehrer, und beſaß
in dem bürgerlichen Rechte eine ziemliche Stärke, war
aber dabey ein Liebhaber von unnützen Schulſtreitig-
keiten und zweckloſen Speculationen, ſo wie überhaupt
ſein Charakter ſich durch manche Sonderbarkeiten ausgezeichnet haben ſoll. Er ſoll z. B. öfters im Schlaf-
rocke und mit einer Nachtmütze auf dem Haupte aus-
gegangen, und in dieſem poßierlichen Anzug mit einem
Buche in der Hand auf der Gaſſe und vor den Tho-
ren der Stadt herumſpaziert ſeyn. Uebrigens hinterließ er folgende Schriften:

1) Succeſſio ab inteſtato. Partes III. *Salisburgi*
1697. in 8vo.

2) Pro-

2) Prodromus Iuſtinianeus ſeu prima elementa totius legitimae ſcientiae iuxta ordinem libri I. Inſtitutionum Imper. *ibidem* 1699. in 4to. Libri II. 1700. Libri III. et IV. 1701.

Jn der Folge iſt dieſes Werk verbeſſert, und unter folgender Aufſchrift gedruckt worden:

Iurisprudentia elementaris ſeu prima elementa totius legitimae ſcientiae iuxta ordinem Inſtitutionum Imperialium. Olim in Vniuerſitate publice ventilata, nunc pluribus in locis, praeſertim vbi iura nouiſſima et praxis moderna a veteri iure deceſſerunt, aucta et emendata. *Saliſb.* 1714. in 4to. Editio nouiſſ. *ibid.* 1760. in 4to.

8) *Nuptiae.* 1700. in 8vo.

4) Quaeſtiones ex omni iure ſelectae. 1702. fol.

5) Tractatus iuridicus de delictis in genere et in ſpecie. 1707. 4to.

6) Iurisprudentia quintuplex, ſeu quaeſtiones ſelectae ex vniuerſo iure. 1709. fol.

7) Trac-

7) Tractatus iuridicus de actionibus. 1714. 4to.

8) Tractatus de pignoribus et hypothecis. 1716. in 4to.

XXXIII.

Johann Kaspar von Böcken war aus Baiern gebürtig, wurde 1691 zu Ingolstadt zum Doktor der Rechte befördert, und war hierauf einige Jahre Hofgerichtsadvokat zu München. Ungefähr im Jahre 1698 zog er von dorther mit seiner Familie, worunter sich auch sein Sohn, der nachherige Salzburgische Kanonist P. Placidus Böckhn befand, nach Salzburg, und wurde daselbst als wirklicher Hofrath und Kammer-Prokurator angestellet. Zu Anfange des Jahres 1700 wurde er bey der dasigen Universität zum ordentlichen Professor der Institutionen erwählet, und eröffnete hierauf den 18. Jäner seine Vorlesungen; allein er versah dieses Lehramt nicht länger als drey Monate, indem er es am 23. April eben desselben Jahres schon wieder resignirte, und sofort durch den Erzbischof zum Syndikus der Haupt- und Residenzstadt Salzburg befördert wurde. Dieses eben so wichtige als mühevolle Amt verwaltete er sodann bis an seinen Tod mit vieler Thätigkeit und seltener Gewissenhaftigkeit. In Ansehung seiner häuslichen Umstände war er ein glücklicher Vater; denn er hatte 9 Söhne,

Söhne, die aber ihre Talente nicht, wie ihr Vater, dem Dienste des Staates widmeten, sondern insgesammt der Welt entsagten, und Ordensgeistliche wurden; eine seltene Uebereinstimmung so vieler Brüder, die sich nicht anders als aus dem herrschenden Geist des Zeitalters erklären läßt! Er starb den 28. May 1733 im 85 Jahre seines Alters, nachdem er mehr als 50 Jahre dem Staate als Advokat, Professor, Rath und Richter gedienet hatte. Seine Schriften sind folgende:

1) Veritas Romanae solius saluificae catholicae fidei, contra omnes alias doctrinas ab ea alienas defensa, et duodecim characteribus infallibilibus Theologo iuridice demonstrata. *Impensis Ioa. D atziecher Bibliopolae Salisburgensis* 1712. *Landishuti typis Andreae Michel.* in 8vo.

2) Tractatus de feripetis theorico - practicus. *Salisburgi* 1720. in 12mo.

Der Verfasser stellet in diesem Werkchen sehr strenge Grundsätze auf, und suchet insbesondere den ehemaligen fürstl. Berchtesgadischen Rath und Kanzleydirektor Johann Anton von Zeidlmayr zu widerlegen; welcher in seinen Quaestionibus practicis de prohibita venatione seu

feri-

fericidio (Augustae Vindel. 1712. in 8vo.)
die Wildbieberey für ein geringes Verbrechen erkläret hatte. — Herr von Böcken hingegen will
gar ein Kapital-Verbrechen daraus machen.
Dieo (schreibt er S. 68.) in arbitrio Principis
terrae esse, nec iniustum apparere, vt pro
circumstantiis et exigentia rerum in fericidas
paenam etiam seueriorem corporis afflicti-
uam, et secundum gradus incorrigibilitatis
vltimum supplicium statuat.

3) Deductio fundamentalis theologico- scrip-
turistico - iuridica, qua argumentis manifestis
demonstratiue ostenditur, soli summo Pontifici
Romano supremam in vniuersam Ecclesiam potestatem et de fide definiendi ius competere, nec
ab illo ad concilium generale recte appellari
posse. Salisburgi 1723. in 4to.

Der Verfasser ließ diese Abhandlung noch in
der Handschrift durch den Kardinal Alexander
Albani dem Pabst Clemens XI. überreichen,
welcher über dieselbe ein besonderes Wohlgefallen
äusserte, und sie in seine Bibliothek aufnahm;
und es war auch leicht zu erwarten, daß ein
Werk dieser Art, in welchem die Gewalt des
Pabstes über alle Schranken überhoben wurde,

ix

in Rom Beyfall finden würde; zumal da es einen Deutschen und noch dazu einen Laien zum Verfasser hatte. Wie sehr Herr von Böcken darinn seine Begriffe überspannt habe, kann man gleich aus der Vorrede ersehen, worinn er unter anderen saget: Tolle Romano Pontifici, vnico in terris Dei vicario, summam ecclesiasticam potestatem, illamque cum membris diuide; et lacerasti togam Christi inconsutilem; vnitatem catholicam et (vt argumenta nostra declarant) certitudinem fidei, sine qua fides subsistere non potest, sustulisti.

4) Epigrammatum miscellaneorum decades septem, ex manuscriptis excerptae et collectae, ipsique Authori Parenti suo dedicatae a filio quodam Religioso O. S. P. B. *Styrae* 1728. in 12mo.

5) Quaestiones selectae miscellaneae tam ex iure publico, quam priuato, canonico, criminali et ciuili, theorico - practicae ad lapidem lydium iuris enucleatissime elaboratae, in foro et schola scitu vtilissimae per decades distinctae. *Salisburgi* 1731. in 4to.

XXXIV.

XXXIV.

Franz Xaver Ignaz Paumann von Palenburg ward gebohren zu Gräz in Steyermark. Er war ein ausserordentlicher Liebhaber von lang geschweiften Titeln und Ehrennamen. Daher kam es, daß er sich nicht nur zu einem päbstlichen und kaiserlichen Hofpfalzgrafen, sondern auch zu einem Ritter des goldenen Sporns stempeln ließ; und wahrscheinlich mag ihn auch vorzüglich die Begierde, seine Titulatur zu verlängern, auf den Einfall gebracht haben, bey der Universität zu Salzburg um eine überzählige juristische Lehrstelle anzuhalten. In dieser Absicht nahm er da am 26. May 1716 die höchste akademische Würde in den Rechten; und es gelang ihm auch sein Wunsch so weit, daß er das Jahr darauf in dem Lehenrechte, mithin in einem Fache, das weder vor, noch nach ihm einen eignen Lehrstuhl hatte, als wirklicher akademischer Professor angestellet wurde. Am 13. Jun. 1718 erhielt er auch noch den Charakter eines hochfürstl. Hofraths. Allein dem Ritter des goldenen Sporns wollte die Professur gar nicht behagen; alle seine Prädikate waren nicht im Stande, ihm ein Auditorium zu verschaffen, und da er vermuthlich auch keine Besoldung hatte; so nahm er im Jahre 1720 von der Universität Abschied, und kam als hochfürstl. Salzburgischer Pfleger nach Caprun oder

Zell

Zell in Pinzgau, wo er den 3. Oktobr. 1733 sein
Leben beschloß. Er schrieb:

Ducatus Styriae in problematica oratione descriptus. 1716. in fol.

XXXV.

Johann Baptist Ebberth ward gebohren den
20. Jäner 1664 zu Molln in Oesterreich, und nahm
im Jahre 1688 im Kloster Garsten den Benediktinerorden an. Den 3. Novembr. 1695 erhielt er an der
hohen Schule zu Salzburg die juristische Doktorwürde
und das Lehramt des Kirchenrechtes nebst dem Charakter eines Salzburgischen geistl. Raths, auch wurde
er daselbst im Jahre 1703 zugleich zum Prokanzler
der Universität erwählet. Im Jahre 1706 verließ er
die Universität, und wurde Pfarrer in der Stadt Steyer
in Oesterreich, wo er den 20. Oktobr. 1738 in einem
Alter von 75 Jahren verschied. Von ihm sind folgende Schriften bekannt:

1) De bello. *Salisb.* 1697. 4to.

2) Controuersiae selectae ex vniuerso iure.
1698. 4to.

3) De pace. 1700. 4to.

4) De Iubilaeo. 1701. fol.

XXXVI.

XXXVI.

Franz Joseph Herz ward gebohren zu Baben-
hausen in Schwaben, wo sein Vater ein Weinwirth
gewesen war. Die niedern Schulen studierte er unter
den Jesuiten, die Rechtswissenschaft aber erlernte er
zu Salzburg, wohin er in Gesellschaft eines jungen
Grafen von Fugger, als dessen Famulus und Mit-
schüler, gekommen war. Nachdem er da seine akademische Laufbahn beschlossen, und am 3. Decemb. 1706
die Licentiatenwürde aus beyden Rechten empfangen
hatte; wurde er zu Anfange des Jahres 1707 unter
die Zahl der Salzburgischen Consistorial- und Hof-
rathsadvokaten aufgenommen, und legte am 19. Februar darauf den gewöhnlichen Advokateneid ab. Allein
da der damals regierende Erzbischof Johann Ernest,
ein thätiger Beförderer guter Köpfe, von seinen her-
vorstechenden Talenten bald Nachricht erhielt, und nicht
leiden wollte, daß ein so hoffnungsvoller junger Mann
die Blüthe seines Alters im Dienste der Chicane ver-
leben sollte; so rief er ihn noch im nämlichen Jahre
von der Advokatur ab, und ernannte ihn aus freyem
Antriebe zu einem wirklichen Hofrathssekretär. Nach
einer kurzen Zeit schwang sich Herz gar zur Stelle
eines wirklichen Hofraths empor. Indeß glaubte er
nicht, daß er durch den Eintritt in ein Dikasterium
zugleich in den Besitz aller Weisheit gelanget wäre,

und

und also nichts mehr zu studieren brauchte, sondern
seine baldige Beförderung spornte ihn vielmehr an,
seine Studien in den Nebenstunden eifrig fortzusetzen,
und die in der Schule erhaltenen juristischen Kenntnisse
durch Lektüre und eignes Nachdenken immer mehr zu
erweitern und zu vervollkommnen. Im Jahre 1717
den 16. März wurde er an der hohen Schule in
Salzburg, zum Doktor der Rechte befördert, und zum
ordentlichen Professor der Institutionen ernannt. Im
Jahre 1722 bekam er das Lehramt der Pandekten, und
endlich 1730 rückte er zur obersten Lehrstelle, nämlich zur Professur des teutschen Staatsrechts hinauf,
und zwar mit dem glücklichen Ereignisse, daß unter
ihm die bis dahin üblich gewesene Besoldung eines
Publicisten noch mit einer jährlichen Zulage von 400
Fl. vermehret wurde. Dagegen aber erhielt er den
Auftrag, daß er nebst den Vorlesungen über das deutsche Staatsrecht, zugleich auch das Natur- und Völ-
kerrecht öffentlich erklären sollte. Inzwischen war er
auch in den Reichsadelstand mit dem Beynamen: von
Herz in Herzfeld, und zugleich unterm 4. Oktobr.
1729 zur Würde eines Salzburgischen geheimen Raths
erhoben worden. Durch seine gründliche Rechtsgelehrsamkeit sowohl, als durch seinen bestimmten und
faßlichen Vortrag, wovon selbst seine hinterlassenen
Schriften das unverkennbare Gepräge an sich tragen,
erwarb er sich eine allgemeine Achtung, und er genoß
daher

daher das seltene Vergnügen, nicht nur von seinen Zuhörern geliebt, sondern auch von seinem Fürsten geschätzet zu werden. Viele der vornehmsten, besonders Oesterreichischen Cavaliere, welche hernach zu den höchsten Staatswürden gelanget waren, hörten bey ihm Privatcollegien. Darunter verdienet vorzüglich, der im Jahre 1788 verstorbene Reichsvicekanzler Fürst Colloredo genannt zu werden, der nicht nur sein Zuhörer, sondern auch sein Tischgenoß gewesen war, und in seinem Hause gewohnt hatte. Dieser verdienstvolle Rechtslehrer starb den 8. Novembr. 1739 zwischen 9 und 10 Uhr Vormittags in einem Alter von 58 Jahren. Ein Jahr vor seinem Hinscheiden, da er sich schon in kränklichen Gesundheitsumständen befand, erlebte er noch das Vergnügen, daß seinem Sohne Franz Christoph Herz eine ausserordentliche juristische Lehrstelle verliehen wurde. Uebrigens hinterließ er folgende Schriften:

1) Tractatus de fide pacta publico - privata. *Salisburgi* 1719. in fol. min.

2) Magistratus Romano - Germanus processu historico - legali repraesentatus. *ibidem.* 1722. fol. Editio. III. curante filio Franc. Christophoro. 1737. 4to. Editio nouiss. 1764. 4to.

3) Bea-

3) Beatus ciuis ex aggregatione bonorum. *ibid.* 1727. 4to.

4) Elementa Iurisprudentiae feudalis ex iure germanico., longobardico, legibus Imperii et moribus curiarum feudalium hodiernis, commoda Auditoribus caufarum, vt vccant, methodo ad- ornata. *ibidem* 1728. 4to maj.

5) Hiftoria ciuilis de quatuor mundi monar- chiis, potiffimum vero de quarta Augufto - Ca- rolina, feu Romano - Germanica cum variis ob- feruationibus iuris. *ibid.* 1734. fol. maj.

XXXVII.

Benedikt Schmier war im Jahre 1682 zu Grönenbach in Schwaben gebohren, und hatte mit dem P. Franz Schmier, seinem leiblichen Bruder, beynahe einerley Schicksal; denn er wählte mit ihm den nämlichen Orden, gieng in das nämliche Kloster, und wurde endlich, wie er, Professor an der nämli- chen Universität. Nachdem er am 9. Novembr. 1700 zu Ottobeuern die feyerlichen Gelübde abgelegt hatte, fieng er in der dafigen Klosterschule über die Rheto- rik, Philosophie und Theologie zu lesen an, auch wur- de er anbey zum Rovizenmeister eruannt. Im Jahre 1713 bekam er einen Ruf als Professor der Philoso-

phie

phie in Salzburg, das folgende Jahr am 8. Septembr. erhielt er daselbst die theologische, und am 3. August 1715 zugleich auch die juristische Doktorwürde nebst dem Lehramt des kanonischen Rechts, welches er bis 1721 verwaltete. In diesem Jahre gieng er von der juristischen zur theologischen Fakultät über, und lehrte hierauf die Theologie bis auf das Jahr 1733. Er verließ dann die Universität, und wurde Superior an dem unweit Ottobeuern liegenden Wallfahrtsort Eldern, wo er den 28. Junius 1744 an einem Lungengeschwüre dahinstarb, nachdem er sein Leben auf 62 und ein halbes Jahr gebracht hatte. Er stand bey Fürsten in großem Ansehen, und wurde nicht nur vom Erzbischofe zu Salzburg mit dem Charakter eines geistlichen, sondern vom Fürstabte zu Kempten auch mit dem Prädikat eines geheimen Raths beehret. Von seinen Schriften weis ich folgende anzugeben:

1) Philofophia quadripartita. *Salisburgi* 1716. in 4to.

Diefes Werk befteht aus 4 Abhandlungen, die vorher einzeln erschienen waren.

2) Fundamentum et vertex vniuerfi iuris canonici. *ibid.* 1716. 4to.

3) De

3) De facrofanctis Ecclefiis. 1717. 4to.

4) Sacratiffimus Ordo Epifcoporum cum Ecclefiis cathedralibus, canonicatibus et facris offi-
ciis. *ibid.* 1718. fol.

5) Liber primus Decretalium Gregorii Papae IX. *ibid.* 1719. 4to.

6) Liber fecundus Decretalium. 1720. 4to.

7) Liber tertius Decretalium. 1721. 4to.

8) Liber quartus Decretalium. 1722. 4to.

9) Liber quintus Decretalium. 1718. 4to.

10) Sacra Theologia fcholaftico - polemico-
practica, tractatus viginti nouem complectens.
III. Tomi. *Augustae Vindelic.* 1737. in fol.

Die 29 Traktate, die diefes Werk in fich be-
greift, waren vorher zu Salzburg fchon großentheils einzeln gedruckt, und als akademifche
Streitfchriften vertheidiget worden.

XXXVIII.

XXXVIII.

Obbo Scharz war gebohren zu Scharnstein in Oberösterreich den 11. Novembr. 1691. Er studierte die Philosophie zu Gräz, und ward 1709 Benediktiner zu Kremsmünster, studierte dann die Gottesgelehrtheit und Rechte in Salzburg, und disputirte am 22. Jul. 1716 aus dem Kirchenrechte. Von 1718 bis 1723 war er Professor der grammatischen Klassen an dem Gymnasium seines Klosters. 1732 wurde er päbstlicher Notarius, und gieng in Geschäften seines Stiftes nach Wien. 1733 ward er in Salzburg der Rechte Doktor, Professor des Kirchenrechts an der Universität und hochfürstl. geistlicher Rath. 1734 gieng er in Gesellschaft des P. Placidus Böckhn, als Deputirter der Universität, nach Fulda, um da der feyerlichen Errichtung der neuen Adolfs-Universität beyzuwohnen, und ward zum wirklichen Beysitzer der juristischen Fakultät an derselben ernannt. Das Lehramt des Kirchenrechtes setzte er an der Universität zu Salzburg bis 1741 eifrig fort. In diesem Jahre den 20. Junius wurde er zum Rektor erwählet, und zugleich zum hochfürstlichen geheimen Rath ernannt. Gleich dem Antritt seines Rektorats bezeichnete er durch ein merkwürdiges Dekret *) vom 14. August, wodurch

F er

---

*) Dieses Dekret ist eingedruckt in Ziegelbauers Historia literar. ord. S. Bened. Part. II. pag. 284.

er die künftigen Vorlesungen aus dem theologischen
und philosophischen Fache bestimmte. Ausserordentliche
Kopfschmerzen nöthigten ihn, seine Feder und seine
akademische Würde im Jahre 1744 niederzulegen.
Er kehrte dann in sein Stift zurück, und ward Pfarrer zu Kemmaten, wo er den 16. Jäner 1749 ver-
starb. Er gab folgende Schriften heraus:

1) Liber secundus Decretalium Gregorii IX.
P. M. antehac in collegiis tum publicis, tum
priuatis methodice expositus, et a famosi cuiusdam Doctoris acatholici calumniis vindicatus.
Salisburgi 1736. in 4to.

Dieser famosus Doctor acatholicus ist der
berühmte Just. Henning Böhmer. Es scheint,
Scharz habe sich an diesem großen Manne zum
Ritter schlagen wollen.

2) Norma legalis siue liber I. Decretalium
Gregorii IX. Papae, antehac in collegiis tum publicis, tum priuatis methodice expositus, et a famosi cuiusdam Doctoris acatholici calumniis
vindicatus. *ibidem* 1737. in 4to.

3) Tractatus iuridicus ad librum III. Decretalium Gregorii IX. Clericorum in communi,
nec

nec non Praelatorum ac Capitulorum in fpecie obligationes et iura complectens. Pars prima. *ibid.* 1738. in 4to.

4) Tractatus exegeticus ad librum III. Decretalium, contractus in fpecie exponens, Pars fecunda. *ibid.* 1739. in 4to.

5) Tractatus exegeticus ad librum III. Decretalium, materiam fucceffionis teftamentariae et legitimae, nec non Parochorum, Regularium et Patronorum iura, aliaque ad rem liturgicam fpectantia complectens. Pars tertia *ibid.* 1740. in 4to.

Die Biographie beſſelben ſteht auch in *Hieronymi Befange* ſynopfi vitae Religioforum ord. S. Bened. Cremifani profefforum pag. 135. und in *Mariani Pachmayr* hiſtorico ‑ chronologica ferie Abbatum et Religioforum Monaſterii Cremifanenfis ord. S. Bened. (Styræ 1777 — 1782. fol.) Part. IV. pag. 675.

XXXIX.

Franz Chriſtoph von Herz in Herzfeld wurde gebohren zu Salzburg den 8. Octobr. 1712, und

war

war ein Sohn des berühmten Salzburgischen Rechtslehrers Franz Joseph von Herz. *) Nachdem er
in seiner Geburtsstadt die Studien vollendet, und
1734 den 6. Februar bey der juristischen Fakultät eine
feyerliche Prüfung aus den gesammten Rechten ausge-
standen hatte, prakticirte er einige Zeit in Wien und
Grätz. Nach seiner Zurückkunft wurde er 1736 den
3. Jäner zum Salzburgischen wirklichen Hofrath ernannt, und 1738 den 2. April, als sein Vater sich
schon in kränklichen Gesundheitsumständen befand, erhielt er an der Universität eine ausserordentliche juristische Lehrstelle. Er ließ sich hierauf am 27. August
eben desselben Jahres die Doktorwürde ertheilen, und
nach dem im Jahre 1739 erfolgten Tode seines
Vaters übernahm er das ordentliche Lehramt der Institutionen. Er war kein blinder Anbether des Römischen Rechtes, so wie es seine Vorfahren und Colle-
gen noch größtentheils gewesen waren, sondern suchte
auch die Cultur der deutschen Rechtsgelehrsamkeit empor zu bringen, und fieng zu diesem Ende an, ein
deutsches Collegium practicum zu lesen. Ihm gebühret daher die Ehre, der erste Germanist an der
hohen Schule zu Salzburg gewesen zu seyn. Die
Schriften, die er hinterließ, zeugen von einer genauen
Bekanntschaft mit der deutschen Geschichte, und von
einer

---

*) Die Biographie desselben s. oben Nr. XXXVI. S. 75.

einer ausgebreiteten Belesenheit in den besten und neuesten Büchern. Es war Schade, daß ein Mann von
so herrlichen Talenten und von einem so geläuterten
Geschmacke schon in den Tagen seiner Jugend mit der
Plage eines siechen Körpers heimgesuchet, und seinem
Vaterlande, das er zu so großen Hoffnungen berechti-
get hatte, durch einen frühzeitigen Tod entrissen wurde. Er starb nach einem elfmonatlichen Krankenlager am 1. Jäner 1752 in einem Alter von 39 Jahren, 2 Monaten und etlichen Tagen. Seine Schriften sind:

1) Iurisprudentiae elementaris specimen I.
Salisburgi 1745.

2) Iurisprudentiae elementaris specimen II.
ibidem eod. anno.

3) Oratio academica de Illustribus et Nobili-
bus, qui gradu Doctoratus insigniti sunt.

Diese Rede hielt er, als er einem Baron von
Adelmann, Domherrn und Weihbischofe von
Augsburg, die Doktorwürde ertheilte. Er führet
sie selbst an in den zufälligen Gedanken von
der heutigen Rechtsgelehrsamkeit S. 50: Ob sie
aber gedruckt sey, kann ich nicht sagen, weil ich
sie nie zu Gesichte bekommen habe.

4) Zu-

4) Zufällige Gedanken von der heutigen Rechtsgelehrsamkeit, und üblichen Proceß-Form. in 4to.
(ohne Benennung des Verfassers, Druckorts und
Jahres.)

5) Conspectus iurisprudentiae elementaris in
vsum auditorum secundum §§. Institutionum
Imperialium adornatus. *Salisb.* 1751. in 4to.

6) Thematum promiscuorum Ius Romano-
Germanicum illustrantium specimen I. Prolego-
mena Iurisprudentiae tum publicae, tum priua-
tae exhibens. *ibidem* 1751. in 4to.

XL.

Placidus Böckhn ward gebohren zu München
den 13. Julius 1690, und war ein Sohn des nachherigen Salzburgischen Hofraths und Stadtsyndikus
Johann Caspar von Böcken. *) Schon in der
Kindheit verließ er seine Geburtsstadt, und kam mit
seinem Vater nach Salzburg. Nachdem er da die untern Schulen zurückgeleget hatte, gieng er im 15.
Jahre seines Alters in das Benediktinerkloster zu St.
Peter in Salzburg, und legte darinn den 18. Jul.
1706 die feyerlichen Ordensgelübde ab. Hierauf studierte

---

*) Die Lebensgeschichte desselben s. oben Nr. XXXIII. S. 69.

dierte er an der dasigen Universität die Philosophie
und die Gottesgelehrtheit, und wurde im Septembr.
1713 zum Priester geweihet. Da er sich unter seinen
jungen Ordensbrüdern durch Geistesfähigkeit am meisten auszeichnete, so wurde er von seinem Abte auch
zu den juristischen Studien bestimmet, und nachdem er
dieselben vollendet hatte, hielt er unter dem Vorsitze
des Professors Franz eine öffentliche Disputation aus
der gesammten Rechtswissenschaft, und wurde hierauf
von demselben den 26. Februar 1715 zum Doktor der
Rechte befördert. In eben diesem Jahre bekam er
in seinem Stifte die Aufsicht über die Bibliothek, im
Jahre 1718 aber reisete er nach Rom, um zwey dort
anhängige Proceßangelegenheiten seines Stiftes zu be-
treiben, und sich zugleich auch in der Praxis der Römischen Curie zu üben. Im May 1720 kam er von
Rom wieder zurück, und erhielt im folgenden Jahre
an der hohen Schule zu Salzburg das ordentliche Lehramt des Kirchenrechtes; welches er 12 Jahre hindurch
bis 1733 mit einem unbegränzten Beyfalle verwaltete. Inzwischen war er 1722 auch zum Salzburgischen geistlichen Rath ernannt, und 1729 zum Prokanzler der Universität erwählet worden. Im Jahre
1733 empfieng er die theologische Doktorwürde, und
vertauschte das Lehramt des Kirchenrechtes mit der
Katheder der heiligen Schrift. Als 1734 die hohe
Schule zu Fulda gestiftet wurde, reisete er mit seinem
Nach-

Nachfolger an der kanonistischen Lehrstelle, P. Oddo
Scharz, dahin, um der Stiftungsfeyer beyzuwoh=
nen. Er wurde da nebst seinem Reisegefährten mit
ausgezeichneter Achtung empfangen, und zugleich von
dem Fürstabt Adolf mit dem Titel eines Fuldischen
geistlichen Raths und wirklichen Beysitzers der dorti=
gen theologischen Fakultät beehret. An der hohen
Schule zu Salzburg behielt er die Prokanzlerswürde
und das Lehramt der heiligen Schrift bis auf 1741,
und würde diese Aemter vielleicht bis an seinen Tod
behalten haben, wenn er sich nicht durch seine unbe=
sonnene theologische Hitze die Ungnade des Erzbischofs
Leopold zugezogen hätte. Im Jahre 1740 thaten
sich in Salzburg, unter der Anführung des damaligen
Hofmeisters der Edelknaben, Johann Baptist von
Casparis, einige Gelehrte zusammen, und errichteten
unter sich eine Art von litterarischer Gesellschaft. Sie
hielten ordentliche Zusammenkünfte, wobey sie sich mit
Aufklärung der Philologie und Kirchengeschichte be=
schäftigten, und die Schriften des berühmten Muratori
zu ihrem Leitfaden wählten. Da manche Professoren
an der hohen Schule besorgten, es möchte durch den
Glanz dieser Gesellschaft, die aus den besten Köpfen
bestand, und vielleicht auch absichtlich den Antipoden
der Universität machte, ihr bisheriges Ansehen bey der
Jugend und dem Volke verdunkelt werden, so suchten
sie dieselbe überall verdächtig zu machen, und gaben

sie

sie bey dem Pöbel für eine Bande von Freymaurern
aus, die nichts Geringers im Schilde führten, als in
die Religion allerhand gefährliche Neuerungen einzu-
führen, besonders aber die Verehrung der Mutter
Gottes abzubringen. An der Spitze der Gegner dieser Gesellschaft stand P. Böckhn, welcher bey jeder
Gelegenheit gegen sie losstürmte, und endlich gar die
Kanzel zu seinem Kampfplatze wählte. Er hielt nämlich den 2. Jul. 1740 an dem nahe bey Salzburg
liegenden Wallfahrtsort Plain vor der ganzen studierenden Jugend eine Predigt, worinn er nicht nur zu
erweisen suchte, daß die Verehrung Mariens zur Se-
ligkeit nothwendig wäre, sondern auch den großen
Muratori *) und die Salzburgischen Gelehrten, worunter sich selbst nahe Anverwandte des Erzbischofs be-
fanden, weidlich verketzerte. Um seine Behauptungen
desto weiter zu verbreiten, ließ er hernach diese Predigt drucken, und fügte derselben noch verschiedene be-
leidigende Anmerkungen bey. Sie wurde zwar gleich
durch einen erzbischöflichen Befehl verbothen, und die
ganze Auflage in Beschlag genommen; allein anstatt
daß dadurch die Gährung gestillet worden wäre, wur-

de

---

*) Als Muratori von diesem Auftritte Nachricht erhielt, er-
   ließ er darüber unterm 26. Oktobr. 1740 an den damaligen
   Rektor der Universität in Salzburg, P. Gregor Zorner,
   ein sehr nachdrückliches Schreiben; welches nebst andern
   dahin gehörigen Beylagen eingedruckt ist in *Soli Muratori
   vita Lud. Ant. Muratori. Venetiis* 1756.

de sie vielmehr noch stärker angefachet; denn man
sprengte nunmehr aus, daß es auch der Erzbischof
mit den Freymäurern halte. Der weise Regent ward
daher genöthiget, einige der unruhigsten Köpfe ihrer
Aemter zu entsetzen, und von der Akademie zu verwei-
sen. *) P. Böckhn hatte es wahrscheinlich seinen
sonstigen litterarischen Verdiensten zu danken, daß ihm
kein gleiches Schicksal getroffen hat. Indessen wurde
ihm dennoch angedeutet, daß man es bey Hofe gerne
sähe, wenn er sich von der Universität entfernte. Er
folgte diesem Winke, und legte im Monate April 1741
alle seine akademischen Aemter nieder. Hat dieser
Mann gefehlet, so ist kein Fehler gewiß verzeih-
lich, da derselbe nicht aus einer Herzensbosheit, sondern bloß nur aus einer allzu strengen Anhänglichkeit an Schulmeinungen entstanden ist, die er von

Ju-

*) Man s. Vindiciae adversus Sycophantas Iuvavienses, Co-
loniae apud Pet. Marteau (wahrscheinlich Venedig) 1741 in
4to. Dieses Werk ist in dem zierlichsten Latein abgefaßt,
aber ohne Schlüssel kaum zu verstehen, weil der Verfasser
desselben, Johann Baptist v. Casparis, die Personen,
anstatt sie zu nennen, aus Schonung nur mit erdichteten
Namen bezeichnet hat. P. Böckhn heißt Phrynondas.
Da übrigens der Verfasser bey diesem Auftritt selbst eine
Hauptrolle gespielet hat, folglich von allem Verdachte der
Parteylichkeit nicht ganz frey ist; so würde eine Beschrei-
bung davon aus der Feder eines unparteyischen Mannes,
der mit den erforderlichen Hilfsmitteln ausgerüstet wäre,
dem Litterator und Kirchenhistoriker gewiß ein angeneh-
mes Geschenk seyn.

Jugend auf eingesogen hatte, und von deren Wahrheit
er vielleicht innigst überzeugt war. Und wo endlich ist
die Rechthaberey wohl verzeihlicher, als gerade im
Fache der katholischen Theologie, weil man da, wenn
man sich einmal von einer Meinung, wie von einem
Glaubenssatze, überzeuget hat, die Gegenmeinung nothwendig für ketzerisch halten muß? Die Intoleranz
will ich zwar nicht in Schutz nehmen, aber gewünscht
habe ich schon oft, daß unsre Aufklärer gegen alte
Theologen schonender verfahren, und sich mehr in ihre
Lage hineindenken möchten. Mir wenigstens bleibt
der große Mann auch dann noch verehrungswürdig,
wenn er strauchelt, und auf seinem Pfade Spuren
der Menschlichkeit zurückläßt. Sobald übrigens P.
Böckhn die Universität verlassen hatte, reisete er von
Salzburg ganz hinweg, und kam nach Dornbach in
Oesterreich, einer nach St. Peter gehörigen Herrschaft,
als Verwalter derselben; da er aber zu den Verwal-
tungsgeschäften keine Lust hatte, so kehrte er zu Ende
des nämlichen Jahres wieder in sein Kloster zurück,
und wurde 1743 Superior an dem Wallfahrtsorte
Plain unweit Salzburg. Nachdem er sich an diesem
Orte 9 Jahre aufgehalten, und inzwischen in eine
Wassersucht verfallen war, ließ er sich in sein Kloster
zurückbringen; allein seine Krankheit verschlimmerte
sich von Tag zu Tag, und er starb endlich den 9.

Februar

Februar 1752. Von ihm ſind folgende Schriften *) bekannt:

1) Iurisprudentia controuerſa. *Salisburgi* 1718. in 4to.

2) Commentarius in ius canonicum vniuerſum ſiue in V. libros Decretalium. III. Tomi. *Salisburgi* 1735. in fol.

Dieſer Commentar beſteht aus mehreren Abhandlungen, welche vorher einzeln über jedes Buch der Dekretalen erſchienen waren. Im Jahre 1776 iſt derſelbe zu Paris in drey Bänden in Fol. wieder neu aufgeleget worden.

3) Beweisthum, daß es nicht nur gut und nutzbar, ſondern auch nothwendig und anleſolchen ſeye,

---

*) Zu wünſchen wäre es, daß der Verfaſſer der Saecularis memoria ſiue compendium vitae et mortis Religioſorum, qui in monaſterio ad S. Petrum obierunt etc. das Leben des P. Placidus Böckhn mehr in litterariſcher, als aſcetiſcher Rückſicht beſchrieben, und folglich auch ein vollſtändigeres Verzeichniß ſeiner Schriften geliefert hätte. Ueberhaupt könnten ſich die Verfaſſer der ſogenannten Kloſter-Roteln um die Litterargeſchichte nicht wenig verdient machen, wenn ſie von ihren verſtorbenen Ordensbrüdern, die ſich als Schriftſteller gezeiget haben, auch die litterariſchen Arbeiten anführen wollten.

seye, die Heilige Gottes im Himmel, bevorab die
seeligiste Mutter Gottes zu verehren und anzurufen.
Salzburg 1740. 4to.

Dieß ist eben die Rede, welche von ihm in
Plain gehalten, und hernach auf erzbischöflichen
Befehl confiscirt worden ist. Sie ist nebst einer
lateinischen Uebersetzung auch eingedruckt in Vin-
diciis aduersus Sycophantas Iuuauienses. pag.
148 — 189.

4) Orationes academicae. *Salisb.* 1745. 4to.

5) Regnum millenarium cum Christo, das
ist, Tausendjähriges Reich und Regierung mit Christo in erfüllten zehenten Jahrhundert oder Saeculo
des Benedictiner - Closter Monnsee in einer Predig
vorgestellet.

Diese Predigt ist befindlich in Mantissa Chro-
nici Lunaelacensis (*Pedeponti* 1749.) pag.
177 — 210.

Uebrigens findet sich von diesem verdienstvollen
Kanonisten auch eine umständliche Lebensgeschichte
in Magnoald Ziegelbauers Historia rei litterariae ord. S. Bened. Part. III. pag. 484.
und

und in Saeculari memoria ſiue compendio vitae et mortis Religioſorum, qui in monaſterio ad S. Petrum Salisburgi ord. S. Benedicti ab anno 1682 vſque ad annum 1782 obierunt. pag. 122.

XLI.

Rupert Starch war gebohren zu Salzburg den 13. Jänner 1700, und nachdem er in ſeiner Vaterſtadt die Studien geendiget hatte, gieng er in das Benediktinerkloſter Admont in Steyermark, wo er den 25. Jul. 1720 die Ordensgelübde ablegte. Am 31. Oktobr. 1743 wurde er in Salzburg zum Doktor der Rechte befördert, und übernahm hierauf am 4. Novembr. das ordentliche Lehramt des Kirchenrechtes, auch erhielt er zugleich den Charakter eines Salzburgiſchen geiſtlichen Raths. Dieſes Lehramt verwaltete er bis 1749, und gieng dann in ſein Kloſter zurück, wo er den 1. März 1760 verſtarb. Zu einem vorzüglichen Lobe gereicht es ihm, daß er in ſeinen rechtlichen Gutachten, um die er in den wichtigſten Proceßangelegenheiten oft erſuchet wurde, immer ſehr glücklich geweſen iſt, und insbeſondere auch einmal durch ſeine Rechtsklugheit einer fürſtlichen Partey aus dem Gedränge geholfen hat. Indeſſen iſt von ihm nichts im Druck, als folgende akademiſche Abhandlung:

Iudex

Iudex ecclesiasticus ordinarius, fiue Tractatus iuridicus ad Tit. XXXI. Lib. I. Decretalium de officio et poteftate iudicis ordinarii cum concurrentibus. *Salisburgi* 1748. in 4to.

XLII.

Beda Schallhamer war gebohren den 10. Jänner 1684 zu Deifendorf im Erzftift Salzburg. Nachdem er zu Salzburg die untern Schulen und Philofophie vollendet hatte, gieng er in das Benediktinerklofter Weffobrunn in Baiern, und legte darinn den 6. Jänner 1704 die feyerlichen Ordensgelübde ab. Er ftudierte dann die Theologie und Rechtsgelehrfamkeit theils im gemeinfchaftlichen Stupium der baierifchen Benediktiner = Congregation, theils an der hohen Schule zu Salzburg, und warde den 2. Jun. 1708 zum Priefter geweihet. In feinem Stifte verfah er hierauf verfchiedene Aemter, und ward zweymal zum Prior deffelben erwählet. 1734 gieng er nach Freifing, wo er bey dem dortigen Lyceum Regent und Lehrer des Kirchenrechts wurde, auch erhielt er dafelbft zugleich den Charakter eines bifchöflichen geiftlichen Raths; eine Ehre, welche vor ihm noch nie einen Regenten des Lyceums widerfahren war. Diefe Stelle bekleidete er in Freifing 7 Jahre, und kam fodann nach Salzburg, wo er am 23. Auguft 1741. zum Doktor beyder Rechte befördert, und zugleich zum ordentlichen

Lehrer

Lehrer des geistlichen Rechts ernannt wurde. Dieses
öffentliche Lehramt verwaltete er nicht gar zwey Jahre;
denn am 30. Jul. 1743 wurde er einstimmig zum
Abte seines Stiftes erwählet, und 1747 wurde er
in einer kurzen Zeit nach einander zugleich zum Präses
der hohen Schule in Salzburg, und der baierischen
Benediktiner - Congregation ernannt. Im Jahre 1753
feyerte er sein fünfzigjähriges Ordens = Jubiläum; wo=
zu ihm der berühmte Kardinal Angelus Maria
Quirini vermittelst eines weitläuftigen lateinischen
Schreibens *) Glück wünschte. Nachdem er übri=
gens der Abtey 17 Jahre vorgestanden, und während
dieser Zeit nicht nur um sein Stift, sondern auch um
die gesammte baierische Benediktiner = Congregation un=
vergeßliche Verdienste sich gesammelt hatte, starb er
endlich den 20. May 1760 im 77. Jahre seines Al=
ters. Meines Wissens hat er nichts, als folgende
akademische Streitsätze drucken lassen:

Variae canonicae quaestiones. *Salisburgi* 1742.

Eine

---

*) Dieses Schreiben erschien hernach im Drucke unter der
Aufschrift: Corona angl millesimi, quem a prima funda-
tione Monasterium Weſſofontanum, Inbilaei vero, seu quin-
quagesimi, quem a prima s. Religionis profeſſione Rqueren-
diff. D. Beda eiusdem coenobii Abbas celebrabat, seu Card.
Ang. Mariae Quirini ad D. Bedam Abbatem Weſſofontanum
epiſtola. In 4to.

Eine noch ausführlichere Nachricht von seinem Lebenslaufe bis auf das Jahr 1753 findet sich in Historia Monasterii Wessofontani, authore P. Coelestino Leutner. (Augustae Vindelic. 1753. in 4to.) pag. 505.

XLIII.

Johann Dominicus Peregrini ward geboh‐ ren 1687 zu Möna bey Flemen unweit Trient in Tyrol. Er studierte zu Salzburg, und nachdem er seine Studien vollendet hatte, beschäftigte er sich da‐ selbst mehrere Jahre hindurch mit philosophischen und juristischen Repetitionen. Im Jahre 1725 den 22. Junius ließ er sich bey der dasigen Universität die juristische Doktorwürde ertheilen, und ward hierauf kaiserlicher Notarius und Salzburgischer Consistorial‐ und Hofrathsadvokat. Da aber sein sanfter Geist mehr für die Theorie, als für die Praxis gestimmet war, so fand er an dieser lärmenden Lebensart wenig Behagen, auch gieng ihm die Advokatur nicht am besten von statten, und er hatte manchmal sogar den Verdruß, seine Partey in die Streitkosten verfället zu sehen. Dieß geschah nicht, als ob er wissentlich ungerechte Händel übernommen hätte, denn er war sehr gewissenhaft, sondern weil er sich in seinen Rechts‐ meinungen gerne über den Gerichtsbrauch hinwegsetzte, und daher manche Sätze geltend zu machen suchte, die

zwar

zwar in der Theorie ihren guten Grund haben, von
den Gerichtshöfen aber bisher anders verstanden worden sind. Allein er erfuhr es zum Schaden seiner
Parteyen, wie schwer es sey, eingewurzelte Vorurtheile aus der Werkstätte der Themis zu verdrängen.
Zum Glücke durfte sich Peregrini mit einem Amte,
zu welchem er so wenig Neigung hatte, nicht länger als
5 Jahre herumschleppen; denn als 1736 Professor
Franz mit Tode abgieng, wurde er am 21. August
desselben Jahres an der Universität einhellig zum ordentlichen Lehrer der Institutionen erwählet, und unterm 5. Novembr. darauf zugleich auch zum wirklichen
Hofrath ernannt. An eben dem Jahre, in welchem
er die Professur erhielt, verrichtete er als Notarius
eine merkwürdige Amtshandlung; denn bekanntlich er-
wirkte in diesem Jahre das Hochstift Passau eine wiewohl beschränkte Exemtion. Dagegen protestirte nun
das Erzstift Salzburg: man schickte also den Doktor
Peregrini nach Passau, und ließ durch ihn eine offe-
ne Verwahrungsurkunde anschlagen. Im Jahre 1739
übernahm Peregrini das Lehramt der Pandekten, und
versah dasselbe bis an seinen Tod mit ungemeiner
Thätigkeit und mit einem so ausgebreiteten Beyfalle,
daß er von den entferntesten Gegenden Zuhörer erhielt.
Er starb an einer Entkräftung den 22. Junius 1764,
nachdem er sein Leben auf 77 Jahre gebracht, und
das Lehramt 34 Jahre rühmlichst verwaltet hatte.

Ich

Ich glaube zum Lobe deſſelben nichts kräfftigeres ſa-
gen, und ſeinen Charakter nicht treffender ſchildern zu
können, als wenn ich jenes hieher ſetze, was Zallwein von ihm geſchrieben hat. *)   Hic nempe, hic
vir eſt, qui in Vniuerſitate noſtra vltra triginta annos Profeſſorem egit indefeſſum, laborioſiſſimum,
dexterrimum, celeberrimum.   Hic vir hic eſt, qui
pluribus abhinc annis Inſtitutiones Iuſtinianeas, et
nunc vaſtiſſimos Digeſtorum libros eruditiſſimis
illuſtrauit commentariis.   Hic vir hic eſt, qui in
ſua iurisprudentia, praeſertim ciuili, vix habuit,
aut habet ſimilem.   Hic vir hic eſt, qui innume-
ris aliis laboribus tam publicis, quam priuatis pro
bono ciuium, exterorum, patriae, principum de-
functus, omnibus omnia factus eſt.   Hic vir hic
eſt, qui in venerabili ſua ſenecta in bonum ſuo-
rum auditorum, et litterarium noſtrae Vniuerſitatis diu noctuque laborat, ſudat, ſeque ipſum con-
ſumit ac depaſcit.   Hic vir hic eſt, quem incre-
dibilis pro defendendis iuribus eccleſiaſticis *Zelus* **)

*) In der Approbation zu Peregrini's Continuatio diſſertat.
acadēm. a libro XXXV. vſque ad finem. *Salisb.* 1760.

**) Der Eifer für die Aufrechthaltung der Rechte der Geiſt-
lichkeit machte in ſeinem Charakter einen Hauptzug aus.
Er war für die kirchliche Immunität ſo eingenommen, daß
er ſie bey jeder Gelegenheit mit Wärme vertheidigte, und
in ſeinen alten Tagen ſogar öfters zu weinen anfieng,
                                          wenn

toti venerabili clero venerabilem, integerrima Religio cunctis amabilem, intemerata iuſtitia ſingulis facit honorabilem. — Uebrigens hinterließ Peregrini folgende Schriften, welche einſt in Oberdeutſchland, beſonders in Salzburg, für klaßiſch gehalten wurden:

1) Manuductio ad Iurisprudentiam Iuſtinianeam ſimplici via per quatuor Inſtitutionum libros in vſum ſtudioſae iuuentutis explanata et in duas partes diuiſa. *Salisburgi* 1733. in 4to. Editio quinta *ibidem* 1762. in 4to.

2) Diſſertatio academica hiſtorico-legalis ad librum I. Pandectarum additis ſupplementis ad concurrentes Inſtitutionum titulos. *Salisburgi* 1738. 4to.

3) Diſſertatio academica ad librum II. III. IV. V. et VI. Pandectarum. 1741.

4) Digreſſiones criticae ad librum I. et II. Pandectarum. *Salisb.* 1745. 4to.

5) Diſ-

---

wenn er von Verletzungen derſelben erzählen hörte, oder ihm ein neues Buch zu Geſichte kam, worinn dieſelbe beſtritten wurde.

5) Differtatio academica de origine Germano-
rum, eorumque ftatu Religionis, politico atque
legali, addita digreffione de vtilitate, imo ne-
ceffitate iuris Iuftinianei. *Salisb.* 1750. 4to.

6) Differtatio academica ad libros VII. vfque
ad XVI. Pandectarum. *ibidem* 1755.

7) Continuatio differtationum academicarum
a libro XVI. vfque ad XXIII. Pandectarum. 1757.

8) Continuatio Differtationum academicarum
a libro XXIII. vfque ad librum XXXV. Pandectarum. 1759.

9) Continuatio differtationum academicarum
a libro XXXV. vfque ad finem, id eft, librum
L. Pandectarum. 1760.

XLIV.

𝔊regorius 𝔷allwein warb gebohren ben 20.
Oftober 1712 ʒu Oberviechtach in ber Oberpfalʒ, unb
empfieng in ber Taufe ben Namen 𝔊eorg 𝔄bam.
Die 𝔄nfangsgründe ber lateiniſchen Sprache erlernte
er ʒu Regensburg, bie Dichtkunſt aber, Rhetorif unb
Philoſophie ſtubierte er ʒu Freiſing. Hierauf trat er
in bas Benebiftinerſtift Weſſobrunn in Baiern, erhielt
barinn

darinn den Klosternamen Gregorius, und legte den
15. Novembr. 1733 die feyerlichen Ordensgelübbe
ab. 1737 wurde er zum Priester geweihet, und nachdem er inzwischen in dem gemeinschäftlichen Studium
der baierischen Benediktiner-Congregation die Theologie gehöret hatte, kam er nach Salzburg, um bey
der dasigen Universität die Rechtswissenschaft zu erlernen. Hier that er sich so hervor, daß er nicht nur
von seinen Lehrern, als er von ihnen 1739 feyerlich
geprüfet wurde, die größten Lobsprüche erhielt, sondern sich auch ausser der Universität bey den angesehensten Männern Salzburgs eine vorzügliche Achtung erwarb. Als er in sein Stift zurückgekehret war, bekam er anfangs das Amt eines Novizenmeisters, im
Jahre 1744 aber wurde er zum Prior erwählet;
allein auch diese Klosterwürde behielt er nicht lange;
denn als der damalige Fürstbischof von Gurk, Joseph
Maria Graf von Thun, zu Straßburg in Kärnthen
für seine Diöcesan-Geistlichkeit eine Pflanzschule an-
geleget hatte, ersuchte er den Prälaten von Wessobrunn,
daß er ihm den Gregorius Zallwein, den er schon in
Salzburg als einen geschickten und helldenkenden Kopf
hatte kennen gelernet, als Vorsteher und Lehrer seiner
neuen Priesterschule überlassen möchte. Zallwein folgte
mit Bewilligung seines Prälaten diesem ehrenvollen
Rufe, verfügte sich nach Straßburg, und versah daselbst die ihm anvertraute Stelle vier Jahre hindurch
mit

mit einer solchen Genauigkeit, daß er der Erwartung
des gelehrten Fürstbischofes von Gurk vollkommen ent-
sprach. Während als er an diesem Orte die jungen
Geistlichen in der Theologie, Kirchengeschichte und in
dem geistlichen Rechte unterrichtete, machte er selbst
in diesen Wissenschaften von Tag zu Tag größere Fort-
schritte; vorzüglich aber kam ihm die reichhaltige Bibliothek dieses Bischofes sehr wohl zu statten; und er
gestand es in der Folge selbst öfter ein, daß er aus
derselben einen großen Theil seiner Kenntnisse geschöpfet
habe. Im Jahre 1749 verließ er Straßburg, und
kam nach Salzburg, wo er am 6. Septembr. desselben Jahres die juristische Doktorwürde erhielt, zum
ordentlichen Professor des Kirchenrechts befördert, und
zugleich auch mit der Würde eines Salzburgischen geistlichen Raths begnadiget wurde. Mit ihm begann in
Salzburg eine neue, glückliche Epoche des Kirchenrechtes; denn seine Vorgänger am Lehramte waren
bloße Dekretalisten, deren Wissen größtentheils sich
nur auf das Corpus iuris canonici einschränkte. *)

Allein

---

*) Um von mir allen Schein der Parteylichkeit abzulehnen,
setze ich die Schilderung hieher, welche Zallwein selbst in
der Vorrede zu seinen Werken von seinen Amtsvorfahren
gemacht hat: Haud raro mirabar, saget er, et tacite indig-
nabar, quod plerique scriptores nostri vulce explicando
Iuri Pontificio in Decretalibus contento insudauerint, inte-
rea *fontes originarios* non consuluerint, canones Ecclesiae
anti-

Allein Zallwein ward Kirchenrechtslehrer im ganzen
Umfange des Wortes; er gieng, mit der Fackel der
Geschichte in der Hand, bis auf die Urquellen des
geistlichen Rechtes zurück; er versuchte die Gränzlinie
zwischen päbstlicher, bischöflicher und landesfürstlicher
Gewalt zu zeichnen, und, anstatt einen bloßen Herold
der Römischen Curie zu machen, verbreitete er sich in
seinen Vorlesungen über das gesammte sowohl öffentliche, als Privatkirchenrecht, und benützte hieben auch
fleißig die Schriften der Protestanten. Insbesondre
machte er sich dadurch um seine Zuhörer verdienet, daß
er sie auch mit dem bisher in Salzburg sosehr ver-
nachläßigten allgemeinen deutschen, und besondern
Salzburgischen Kirchenstaatsrecht bekannt zu machen
suchte; denn nie vielleicht würde der Römische Curia-
lismus in Deutschland so tief eingewurzelt seyn, wenn
der Deutsche früher sich Mühe gegeben hätte, seine
vater-

---

antiquos neglectim habuerint, historiam ecclesiasticam ne
quidem inspicere, aut eminus salutare dignati fuerint,
multo minus ad iura ecclesiastica Germaniae sane singularia,
extraordinaria, praestantissima et talia, quibus vix ulla
alia gaudet Ecclesia in orbe catholico quibuscunque priuilegiis, iuribus et praerogatiuis insignis, respexerint, suo
muneri ex asse satisfecisse existimantes, si modo ius Ponti-
ficium secundum ordinem Decretalium, secundum litteram,
stylum et vsum Curiae Romae, et communem Glossatorum
et interpretum methodum explicarent, hinc inde quaestiones subtiles, non raro parum vel ad nihil valentes immis-
cerent, vel etiam accumularent.

vaterländische Kirchenverfassung zu kennen; und vielleicht würde Erzbischof Maximilian Gandolf die Säße der gallikanischen Kirche, anstatt dieselben durch Cölestin Sfondrati widerlegen zu lassen, seiner Universität zur Richtschnur vorgeschrieben haben, wenn er seine eignen Gerechtsame gekannt hätte. Bey diesen unverkennbaren Vorzügen, wodurch sich Zallwein vor seinen Vorfahren so sichtbar auszeichnete, war es nun freylich kein Wunder, daß seine Vorlesungen und Schriften ungetheilten Beyfall erhielten, und den Ruf seines Namens allenthalben verbreiteten. Jeder wißbegierige Jüngling schäßte sich glücklich, sein Zuhörer zu seyn. Viele aus dem ersten Adel nahmen bey ihm in dem Kirchenrechte Privatunterricht, und selbst aus Italien, ja sogar aus Neapel eilten einige junge Leute nach Salzburg, um Zallweins Schüler zu werden. Indeß war sein System noch nicht genug ausgebildet, und man trifft daher in seinen sonst schäßbaren Werken Säße an, die sich einander zu widersprechen scheinen. *) Doch dieß sind Flecken, die dem großen Manne nicht nur an seinem Ruhme nichts benehmen, sondern vielmehr von den immerwährenden Fortschritten seiner Aufklärung zeugen. Er blieb nicht, wie der Klein-

geist,

---

*) Ein auffallendes Beyspiel hievon hat erst neulich Herr Professor Jellenz gezeiget in seinem schönen Aufsaße: die kirchlichen Gesandschaften in Posselt's wissenschaftlichem Magazin. III. B. IV. H. S. 429.

gelſt, an den einmal angenommenen Grundſätzen kle-
ben, ſondern war immer bereit, ſeine Meinung zu
verwerfen, ſobald ihm eine andere Meinung gegründe-
ter vorkam. Zudem hatte er keinen Führer, ſondern
mußte ſich ſelbſt bilden; und ſchon darum verdienet
ſein Name ſtets geſegnet zu ſeyn, daß er an der hohen Schule zu Salzburg in dem Studium des Kirchenrechts das Eis gebrochen, und ſeinen Nachfolgern
zur glücklichen Bearbeitung dieſes ſo ſehr verwilderten
Feldes den rechten Weg vorgezeiget hat. Er verwaltete das ordentliche Lehramt des Kirchenrechtes 10
ganze Jahre hindurch, und wurde, nach Abgange des
P. Berthold Vogel nachherigen Abts zu Kremsmünſter, den 2. April 1759 einhellig zum Rektor
magnificus der Univerſität erwählet. Die ganze Stadt
ſowohl, als der Hof bezeigten über dieſe Wahl eine
ausnehmende Zufriedenheit, und der Erzbiſchof erklärte ihn noch im nämlichen Monate zu ſeinem wirklichen
geheimen Rathe. Während ſeines Rektorats, das er
bis an ſeinen Tod geführet hatte, ließ er ſich die Auf-
nahme der Studien ſehr angelegen ſeyn, und fand
darinn ein beſonderes Vergnügen, arme Jünglinge,
in denen er hervorſtechende Talente entdeckte, mit Gelde
und andern Bedürfniſſen zu unterſtützen; ſo wie er im
Gegentheile jene Burſche, welche ſich nur darum als
Studenten einſchreiben ließen, um unter dem Deck-
mantel der akademiſchen Freyheit deſto ungeſtörter dem
Müßig-

Müßiggange und Bettel nachhängen zu können, nach
Möglichkeit aus dem Bezirke der Universität zu verscheu-
chen suchte. Uebrigens war er kaum zwey Jahre Rektor, als er unerträgliche Kopfschmerzen zu fühlen anfieng, die er sich durch allzu große Anstrengung seiner
Geisteskräfte, besonders aber durch das viele Nacht-
wachen zugezogen hatte. Dieses Uebel ward von Jahr
zu Jahr ärger, und brach endlich in eine tödtliche
Krankheit aus, an welcher dieser verdienstvolle Mann
den 6. August 1766 in einem Alter von 54 Jahren
seinen Geist aufgab. Er schrieb:

1) Fontes originarii iuris canonici adiuncta
histeria eiusdem iuris per priora IV Ecclesiae
saecula. *Salisburgi* 1752 — 55. in 4to.

2) Dissert. de iure ecclesiastico particulari Germaniae. *ibidem* 1755. in 4to.

3) Dissert. de statu Ecclesiae. *ibid.* eod. anno
in 4to.

4) Dissertationes binae de collectionibus iuris
ecclesiastici antiqui et noui. *ibid.* 1759 et 1760.
in 4to.

Diese

Diese Abhandlungen sind hernach umgearbeitet, und unter folgender Aufschrift zusammengedruckt worden:

Principia iuris ecclesiastici vniuersalis et particularis Germaniae IV. Tomis comprehensa. *Augustae Vindelic.* 1763. in 4to. Editio II, priore multum emendatior, et locupletiore indice prouisa, cui etiam praeter nonnullas adnotationes breuis synopsis de vita Auctoris accessit. Tomus I, in quo agitur de iure ecclesiastico in genere et illius fontibus originariis. Tomus II. in quo agitur de collectionibus iuris ecclesiastici vniuersalis antiqui, noui et nouissimi, item de auctoritate, vsu et studio illius. Tomus III. de statu ecclesiarum germanicarum, iure particulari ecclesiastico antiquo et nouo Germaniae et eiusdem collectionibus. Tomus IV. in quo agitur de statu ecclesiae, hierarchia ecclesiastica, libertatibus ecclesiarum ita dictis, vel potius earum praerogatiuis, praecipue ecclesiae metropolitico - Salisburgensis. *Augustae Vindel.* 1781. in 8vo. maj.

Diese zweyte Ausgabe ist von dem jetzigen Rektor der Universität in Salzburg, Herrn Joh. Damascen Kleimayrn, besorget worden.

Uebri-

Uebrigens wird Zallweins Leben eben in der vor dieser Ausgabe befindlichen breui Synopsi sehr ausführlich erzählet; welche Erzählung hinnach auch beynahe wörtlich in die NouaBibliotheca ecclesiastica Friburgens. Volum. VI, fascic. III. pag. 444. eingerücket worden ist.

XLV.

Franz Joseph Karl Schlosgangl von Edlenbach wurde gebohren den 1. März 1698 zu Wels in Oberösterreich, wo dessen Vater bey dem K. K. Salzkammergut in Diensten stand, und im Jahre 1733. in Ansehung seiner vielen und wichtigen Verdienste in den Adelstand erhoben wurde. Anfangs studierte er zu Linz, und gieng dann nach Wien, wo er seine Studien vollendete. Hierauf besuchte er auch noch die hohe Schule zu Salzburg, und ließ sich da aus der gesammten Rechtswissenschaft prüfen; auf den Ruf seiner Verwandtschaft kehrte er aber bald wieder nach Wien zurück, und widmete sich den Kameralwissenschaften. Allein als kurz darnach zu Salzburg durch Ayblingers Hintritt eine Kanzel der juristischen Fakultät erlediget wurde, und ihn einige Freunde ermahnten, daß er sich um dieselbe bewerben möchte; so folgte er ihrem Rathe, und sein Gesuch fand einen so glücklichen Eingang, daß er sogleich zum ordentlichen Professor der Institutionen ernannt wurde. Er ließ

sich

sich daher am 16. Februar 1723 bey der Univerſität
zu Salzburg die juriſtiſche Doktorwürde ertheilen, und
trat am 17. März darauf das Lehramt wirklich an.
Noch am nämlichen Jahre den 8. Oktobr. wurde er
auch zu einem hochfürſtl. wirklichen Hofrath befördert.
Im Jahre 1730 erhielt er das Lehramt der Pandekten, und 1739 ward er vorderſter Rechtslehrer, nämlich Profeſſor des deutſchen Staatsrechts und des Codex. Ueberhaupt bekleidete er das Lehramt an der
Univerſität über 44 Jahre, und arbeitete während dieſer Zeit im Namen der Juriſten-Fakultät ſehr viele
wichtige Rechtsgutachten aus, auch ſtand er mit ver-
ſchiedenen auswärtigen Gelehrten in Correſpondenz.
Ein ganzes Jahr vor ſeinem Tode war er immer krank,
und ſtarb endlich an einem Schlagfluße den 4. Novembr. 1767 im 70. Jahre ſeines Alters. Er gab
folgende Schriften heraus:

1) Tractatus iuridicus de dolo, culpa et ca-
ſu. *Salisburgi* 1726. in 4to.

2) Diſſertatio iuridica de litterarum obligationibus. *ibid.* 1734. in 8vo.

3) Heres neceſſarius ad formam Nou. 115.
cap. 3 et 4. delineatus, ſeu tractatus iuridicus
de liberis, parentibus et fratribus heredibus in-

ſti-

ſtituendis, vel exheredandis. *ibidem.* 1736. in 4to. maj.

Dieſe mit vieler Beleſenheit verfaßte Abhandlung enthält volle 399 Quartſeiten, und iſt vielleicht der vollſtändigſte Commentar über die auf dem Titel benannte Geſetzſtelle.

XLVI.

Johann Heinrich Drümel war gebohren zu Nürnberg den 12. April 1707. Zuerſt beſuchte er die Laurenzerſchule in ſeiner Vaterſtadt, und gieng ſodann auf Univerſitäten. Er ſah ſich nicht nur in den ſchönen Wiſſenſchaften, der Philoſophie und Theologie treflich um, ſondern legte ſich auch auf die Reichs- und Staatsgeſchichte und Rechtsgelehrſamkeit. Er ſtudierte zu Altdorf, Jena und Straßburg, und zeigte auch bald Proben ſeiner Geſchicklichkeit. Die erſte war, daß er in Altdorf den 27. Novembr. 1737. eine öffentliche Rede hielt, de Norimberga a Lothario Imp. ante hos ſexcentos annos imperio vindicata, wobey der berühmte Polyhiſtor Chriſtian Gottlieb Schwarz in der Einladung gemeldet hatte, daß der Redner nach ſeiner Fertigkeit in der deutſchen Dichtkunſt eben dieſe Materie zuerſt in deutſchen Verſen abgefaßt, doch aber lieber in lateiniſcher und ungebundener Schreibart habe abhandeln wollen. Ferner die

ſpuputirte er unter Joh. David Köhlers Vorsitze de Imperatoribus Germanicis ante Carolum M. und 1729 den 28. Febr. unter dem Inspektor Behelm als Auktor de diuortio Iúdaeis a Deo nunquam praecepto neque etiam legaliter permisso ad ill. Deut. 24. 1 — 4. Mal. 2, 15. 16. Nach geendigtem Laufe der akademischen Jahre begab er sich 1730 in den Zirkel der Candidaten in Nürnberg, wurde aber sogleich auch Hofmeister bey einem Baron von Gemmingen in Heilbronn, und nicht lange darnach zum Conrektorat an dem dortigen Gymnasium beför-dert. Im Jahre 1737 bekam er den Ruf als Con-rektor in der Spitalschule zu Nürnberg; allein 1742 legte er diese Stelle nieder, verließ Nürnberg, und hielt sich an verschiednen Orten, besonders aber zu Straßburg und Frankfurt am Mayn auf. Von Frank-furt kam er nach Regensburg, wo er sich bey dem Kurbraunschweigischen Gesandten, Herrn von Hugo, als Hofmeister aufhielt; bis er 1747 an dem Gym-nasium daselbst zum Conrektor, und endlich 1751 zum Rektor und Professor der Wohlredenheit befördert wur-de. Doch er schien nirgend eine bleibende Stätte zu haben; denn er dankte im Jahre 1762 den 5. April auch in Regensburg ab, gieng zur katholischen Reli-gion über, und lebte seit 1762 als Hofrath zu Passau. Von da aus wanderte er nach Salzburg, wo er im Jahre 1767 durch den Erzbischof Sigmund aus eignen

eigner Bewegniß zum ordentlichen Lehrer des Staatsrechts und der deutschen Reichsgeschichte ernannt wurde; und zwar mit Uebergehung der gewöhnlichen Ordnung, nach welcher, sonst immer der Professor der
Pandekten in den erledigten Platz des Publicisten hin-
aufzurücken pflegte. Drümel ließ sich daher am 9.
März 1767 bey der dasigen Universität die juristische
Doktorwürde ertheilen, und unterm 18. des nämlichen
Monates erhielt er auch noch den Charakter eines
hochfürstl. Hofraths. So groß die Hoffnung war,
die man sich von ihm gemacht hatte, so wenig ent-
sprach er derselben. Zwar begann er sein Lehramt
mit einer prachtvollen Feyerlichkeit, und hatte das
Vergnügen, bey den erstern Vorlesungen unter seinen
Zuhörern die angesehensten Cavaliere zu sehen; allein
mit jedem Monate verminderte sich die Anzahl seiner
Zuhörer, und schmolz endlich so zusammen, daß seine
Collegien beynahe von keinem Studenten mehr besuchet wurden. Es wird ihm vorgeworfen, daß er einen
höchst langweiligen und verworrenen Vortrag gehabt
habe; woran aber wahrscheinlich sein hohes Alter
vorzüglich Schuld gewesen seyn mag; und vielleicht
mag auch die Abneigung gegen einen Convertiten manchen Jüngling von seinem Hörsaale verscheuchet haben.
Sein Ansehen nahm daher von Tag zu Tag immer
mehr ab. Allgemeine Verachtung ward endlich sein
Loos; und man schien es selbst bey Hofe zu bereuen,

einen

einen Fremdling, von deſſen publiciſtiſchen Einſichten man
vorhin gar keinen Beweis hatte, auf den erſten juriſtiſchen
Lehrſtuhl erhoben zu haben. Indeſſen beſaß er un-
ſtreitig viele und mannigfaltige Kenntniſſe, war aber
offenbar mehr Philolog, als Rechtsgelehrter, und
überhaupt mag der verewigte Johann Jakob Moſer
nicht ganz unrecht gehabt haben, da er von ihm ur-
theilte, er wäre, wie in ſeinem ganzen Leben, ſo auch
im Staatsrechte, ein Avanturier geweſen. *) Indeſſen verwaltete er in Salzburg das publiciſtiſche Lehramt nicht länger als drey Jahre; indem er den 29.
Julius 1770 mit Tode abgieng. Er hinterließ folgende Schriften:

1) Probe einer gründlichen Widerlegung der
freyen Ueberſetzung der 5 Bücher Moſis, welche
zu Wertheim herausgekommen iſt. Heilbronn
1736. 4to.

2) Entwurf einer Uebereinſtimmung der bibliſchen
und Profan-Scribenten in den älteſten Geſchichten
der Babylonier, Aſſyrier, Meder, Scythen und
Perſer. Nürnberg 1739. 4to.

3) Pro-

*) S. Moſers neueſte Geſchichte des deutſchen Staatsrechts
(Frankfurt am Mayn 1770) S. 92.

3) Programma de regno Assyriac. Norimb. 1741. 4to.

4) Deutsches Progr. zum dritten Actu orat. darinn die Erklärung der Stelle 4 Mos. 24. enthalten. Nürnb. 1741. Fol.

12)

5) Neu eingerichteter und unfehlbarer Weg die lateinische Sprache recht zu fassen und zu schreiben. Nürnb. 1741. 8vo.

6) Versuch einer kritischen historischen Ausführung, wie die Russen von den Aratensern, als dem ersten Volke nach der Sündfluth herstammen. 1744. 8vo.

7) Meditation von der rechten Zeit des Leidens und der Auferstehung Jesu Christi. Frankfurt. 1744. 4to.

8) Gedanken von der Hoheit der Erz-Domän-Würde, als eines zu stiftenden Erzamts des h. R. R. Frankf. 1745. 4to.

9) Warum dem Churfürsten in der Pfalz die erste Stelle nach dem König in Böhmen gebührte. Frankf. 1745. 8vo.

H 2   10) Pro

10) Proben einer verbesserten Harmonie der heiligen und Profan = Scribenten. Frankf. 1745. 4to.

11) Untersuchung von den Erzwürden des h. R. R. deutscher Nation. Frankf. 1745. 4to.

12) Vollständige Ausführung von der Hoheit eines Erzdomainen = Meisters. Frankf. 1746. 4to.

13) Ausführung des Beweises, daß Christus an einem Mittwoch gestorben, und folglich drey völlige Tage und drey völlige Nächte in dem Grabe gelegen ist. Mit einer Vertheidigung der neuen Uebersetzung der Worte 1. Mos. 1 1., Regensburg 1746. 4to.

14) Fortsetzung des Beweises, daß Christus an einem Mittwoch gestorben ist. Frankf. am M. 1747. 4to.

15) Neue Grammatik der lateinischen Sprache. Regensburg 1747. 8vo.

16) Neu eingerichtete Einleitung in die Redekunst. Regensb. 1749. 8vo.

17) Ge

17) Geschichtmäßige Abhandlung von dem Groß-Senneschall und Erz-Senneschall des fränkischen und deutschen Reichs. Nürnb. 1751. 4to.

18) Beweis, daß der Comes palatinus nicht als Hofmeister anzusehen. Ulm 1751. 4to.

19) Progr. quo Francorum potiora fata atque migrationes ante Clodoveum commentatione prima breuiter exponit. fol.

20) Progr. de ministerialibus sexti clypei. 1753. 4to.

21) Lexicon manuale latino - germanicum et germanico - latinum, seu thesaurus vocum et phrasium latinarum. Ratisbonae 1753. 4to.

22) Neue Bewährung aus Urkunden, Gesetzen, und Geschichten der Deutschen, daß die Reichsritterschaft vom Anbeginn des Reichs zu dem Adel von Deutschland gezählet worden, und unmittelbar gewesen, welche bis in das itzte Jahrhundert fortgeführt ist, und als der historische Theil der vertheidigten Freyheit und Unmittelbarkeit der Reichsritterschaft, wie auch als eine Einleitung in die Lehre von dem Adel in Deutschland gebraucht werden kann.

eden. Mit nützlichen Documenten, herausgegeben. Frankfurt und Leipzig 1754. Fol.

23) Progr. quo de antiquis iuribus ministerialium sexti clypei disserere incipit. 1755. 4to.

24) Progr. de titulo Archiepiscopi Treuirensis tanquam Archicancellarii in Welschland. Ratisbonae 1756. 4to.

25) Corpus legum et consuetudinum iuris publici imperii R. G. academicum a Carolo M. vsque ad A. B. Caroli IV. oder Handbuch der Staatsgesetze und Gewohnheiten des Römisch - Deutschen Reichs zum akademischen Gebrauch also verabfasset, auch mit historischen Einleitungen und Anmerkungen versehen. Frankf. und Leipzig 1757. 4to.

26) Demonstratio hist. dipl. in qua partim nouis, partim selectioribus argumentis ostenditur Ducatum et Iudicium prouinciale Franconiae a multis iam saeculis pertinere ad Episcopatum Würceburgensem. Erfordiae 1758. in 4to.

Diese Abhandlung ist auch eingedruckt in Herrn Hofrath Jos. Maria Schneidts Thesauro Iur.

Iuris Franconici, im zwepten und dritten Heft
des ersten Abschnitts. S. 285. — 470.

27) Progr. nonnullae obseruationes, quibus
doctrina de comitibus palatinis prouinciarum
illustrari et emendari potest. *Ratisb.* 1758.

28) Progr. de erroribus nonnullis circa tri-
podem Delphicum. *ibidem* 1759.

29) Progr. de nomine Imperatoris apud antiquos Romanos. *ibid.* 1761.

30) Versuch einer pragmatischen Erklärung des
Westphälischen Friedens nach den Artikeln von der
Execution und Assecuration, worinn nicht nur die
wahre Bedeutung derselben aus Akten, Urkunden
und Geschichten viel ausführlicher als bisher gesche-
hen, unpartheyisch untersuchet ist, sondern auch in-
sonderheit erwiesen wird, daß die neuer Zeit prä-
tendirte Selbsthülfe im Reich in denselben nicht ge-
gründet sey. Sammt Beylagen von Num. I —
XXIII. Cum Permissu Superiorum. Frankfurt
und Cöln (Salzburg in der Mayerischen Buch-
handlung) 1767. in 4to.

Diese

Diese Abhandlung erhielt 1779 einen neuen
etwas veränderten Titel. S. des Herrn Prof.
Siebenkees jurist. Magazin II. Band S. 534.
Eine sehr scharfe und ausführliche Recension derselben findet sich in Joh. Henr. Christ. von
Selchows jurist. Bibliothek III. Band S. 81
— 101. Auch ist dagegen eine besondere Schrift
erschienen unter der Aufschrift: Kurze Antwort
auf eine Schrift unter dem Titel: Versuch
einer pragmatischen Erklärung des Westphälischen Friedens ꝛc. zur Belehrung des
Versuchers gegeben durch eine unpartheii-
sche Feder. Frankfurt und Leipzig 1767. in 4to.
Der unbekannte Verfasser dieser Schrift hat den
neugebackenen Salzburgischen Publicisten, wie
ihn Herr v. Selchow in seiner gleich angeführten Bibliothek nannte, von Schritt zu Schritt
verfolget, und ihm seine Blößen in dem Staatsrechte auf eine sehr einleuchtende Art aufgedecket.
Uebrigens wird Drümels Arbeit auch beschrieben
in Georg Andreas Wills Nürnbergisch. Gelehrten Lexikon Erst. Theil S. 298. und in
Pütters Litteratur des deutschen Staatsrechts.
II. Theil S. 129.

XLVII.

XLVII.

Modest Schmetterer ward gebohren den 17.
März 1738 zu Metten in Unterbaiern. Nach Vollendung der untern Schulen und der Philosophie, trat
er in das Benediktinerkloster zu St. Peter in Salzburg, und legte darinn den 11. Septembr. 1757 die
feyerlichen Ordensgelübde ab. Im Jahre 1761 wurde er Priester, und studierte darauf die höheren Wissenschaften, besonders aber die Rechtsgelehrsamkeit.
Im Monat August 1766 vertheidigte er unter P.
Constantin Langhaiders Vorsitze die Diss. de multiplici priuilegiorum significatione, nebst angehängten
Sätzen aus der gesammten Rechtswissenschaft in Gegenwart des Erzbischofs Sigismund, und erhielt hierauf am 18. Novembr. des nämlichen Jahres die juristische Doktorwürde. Noch in diesem Jahre wurde
er auch an der hiesigen Universität ausserordentlicher,
hernach aber 1770 ordentlicher Lehrer des Kirchenrechts, und bekam zugleich den Charakter eines hochfürstl. Salzburgischen geistlichen Raths. Allein am
Ende des Schuljahres 1773 wurde er seines Lehr-
amtes entlassen. Er versah hierauf einige Zeit die
Stelle eines Hofmeisters bey den hochfürstl. Edelknaben, und kam sodann als Nonnenbeichtvater nach St.
Georgen in Längsee in Kärnthen; nachdem aber 1782
dieses Kloster aufgehoben wurde, kehrte er wieder nach
Salz-

Salzburg zurück, und wurde Beichtvater in der Frauen=
abtey auf dem Nonnberg daselbst. Seit seinem Aus=
tritte aus der Universität war er immer schwermüthig,
floh fast alle Gesellschaften; und fiel endlich in eine
abzehrende Krankheit, an welcher er den 22. März
1784 dahinstarb. Seine Schriften sind:

1) Dissertatio I. de origine et variis gradibus
clericorum in primis quinque ecclesiae saeculis.
Salisburgi 1771. in 4to.

2) Introductio in vniuersum ius canonicum.
ibidem 1772. in 4to.

XLVIII.

Constantin Langhalder ward gebohren zu Berg=
ham in Oberösterreich den 13. Jul. 1726, und war
ein leiblicher Bruder des P. Silvester Langhaider,
der eben so, wie er, zu Kremsmünster in den Orden
getreten ist, und sich durch verschiedene juristische Ab=
handlungen zu seinem Vortheile ausgezeichnet hat. *)
Er studierte die niedern Schulen, und Philosophie zu
Kremsmünster, gieng 1744 in das dortige Benedikti=
ner.

---

*) Von demselben und seinen Schriften findet sich eine kurze
Nachricht in Weidlichs biograph. Nachrichten von den jetzt
lebenden Rechtsgelehrten. Th. S. 455. und in den Nach=
trägen. S. 162.

gerkloster, und legte das folgende Jahr am 8. Septembr. die feyerlichen Gelübde ab. Den 18. Oktobr. 1750 wurde er Priester. 1751 erhielt er das Lehramt der grammatischen Klassen am Gymnasium seines Stiftes. 1753 ward er Professor der Philosophie an der dortigen Ritterschule, 1756 Subregent an derselben, und 1757 Professor der Mathematik und Experimental-Physik. Während dieser Jahre wurden unter seinem Vorsitze viele philosophische Disputationen gehalten. Im Jahre 1760 wurde er nach Salzburg berufen, am 21. Jun. darauf zum Doktor beyder Rechte befördert, und bey der dasigen Universität als ordentlicher Lehrer des Kirchenrechts angestellet. Auch bekam er unterm 23. November. eben desselben Jahres zugleich den Titel eines Salzburgischen geistl.-Raths. Als 1766 Zallwein mit Tode abgieng, wurde er an dessen Stelle einhellig zum Rektor magnificus der Universität erwählet, und zugleich auch durch ein erzbischöfliches Dekret vom 30. August des nämlichen Jahres zur Würde eines Salzburgischen geheimen Raths erhoben. Indessen behielt er doch noch bis 1770 das ordentliche Lehramt des Kirchenrechts bey, das Rektorat aber verwaltete er mit vieler Klugheit 21 Jahre hindurch bis an seinen Tod, welcher den 29. December. 1787 nach einer langwierigen Krankheit seinem thätigen Leben ein Ende machte. Er war ein Mann von ausgebreiteter Gelehrsamkeit, zeigte aber
wenig

wenig Hang zur Schriftstellerey; denn auſſer den zwey folgenden Abhandlungen iſt von ihm ſonſt nichts im Drucke:

1) Diſſertatio de multiplici Privilegiorum ſignificatione, eorumque notione genuina et affectionibus propriis. *Salisburgi* 1766, in 4to.

2) De Legatis et Nuntiis Pontificum eorumque ſatis et poteſtate commentatio hiſtorico - canonica. (*Salisburgi*) 1785, in 8vo.

Dieſe gründliche und mit allgemeinem Beyfalle aufgenommene Abhandlung, welche durch Errichtung der päbſtlichen Nuntiatur in München veranlaſſet würde, erſchien ohne Benennung des Verfaſſers und Druckortes in der hochfürſtl. Waiſenhausbuchhandlung in Salzburg. Schon Herr Prof. Schött in Leipzig errieth den wahren Druckort. S. deſſen Bibliothek der neueſt. juriſtiſchen Litteratur für das Jahr 1785 zweyt. Th. S. 347. Uebrigens finden ſich von Conſtantin Langhaider auch einige Lebensnachrichten in Mattan Pechmayr's hiſtorico - chronologica ſerie Abbatum et Religioſorum monaſterii Cremifan. Part. IV. pag. 787. und in Ignaz de Luca's gelehrtem Oeſterreich im erſten Stük des erſten Bandes S. 287.

XLIX.

XLIX.

Johann Philipp Stainhauser von Treu-
berg ward gebohren zu Lohr im Mainzischen den 15.
May 1720. Er studierte zu Würzburg, Heidelberg
und Mainz, und hatte das Glück, überall in der
Rechtsgelehrsamkeit den Unterricht eines Mannes zu
genießen, der zu seiner Zeit in dem Fache, worinn er
angestellet war, Epoche machte; denn am ersten Orte
hörte er das Kirchenrecht unter Barthel, am zwey-
ten das Civilrecht unter Alef, und am dritten das
deutsche Staatsrecht unter Neureuther. *) Nachdem
er seine akademische Laufbahn vollendet hatte, ward
er Hofmeister eines jungen Grafen von Fugger. Diesen begleitete er auf Universitäten und Reisen, und
durchwanderte mit ihm die Niederlande und Frankreich.
Nach seiner Zurückkunft begab er sich nach Wetzlar, wo
er mehrere Monate verblieb, und sich die Verfassung
des Reichskammergerichts näher bekannt zu machen
suchte. Im Jahre 1750 gieng er mit dem Charakter
eines gräfl. Fugger - Kirchheimischen Kanzleyraths nach
Wien, um sich auch in der Praxis des Reichshofraths

zu

*) S. Philipp Waldmanns biograph. Nachrichten von den
Rechtslehrern auf der hohen Schule zu Mainz S. 25. wo
Hofr. v. Stainhauser namentlich unter die ausgezeichne-
tern Zuhörer dieses einst so berühmten Mainzischen Lehrers gezählet wird.

zu üben. Hier hielt er sich beynahe zwey Jahre auf. Während dieser Zeit beschäftigte er sich größtentheils mit praktischen Arbeiten, und besorgte als Consulent für fürstliche und gräfliche Personen bey dem Reichs-hofrath verschiedene wichtige Rechtsangelegenheiten. Insbesondere leistete er auch dem verwaisten Benedik-tinerstift Reichenau gegen das Hochstift Constanz sei-nen rechtlichen Beystand, und führte für dasselbe die Feder. In den Nebenstunden besuchte er die in Wien befindlichen Bibliotheken, und bestrebte sich zugleich auch bey guten Gesellschaften Eingang zu finden, und aus dem Umgange mit bewährten Geschäftsmännern Welt- und Menschenkenntniß zu schöpfen. Unter an-dern glückte es ihm, mit dem berühmten Reichshof-rath von Senkenberg eine nahe Bekanntschaft zu stiften; mit welchem er hernach, so lange dieser große Mann lebte, einen beständigen Briefwechsel unterhielt. Als 1752 an der hohen Schule zu Salzburg der da-malige Professor der Institutionen, Franz Christoph von Herz, mit Tode abgieng, wurde er an dessen Stelle dahin berufen, und sofort am 31. August 1752 zum Doktor der Rechte befördert. Er trat dann am 4. Novembr. eben desselben Jahres das Lehramt an, und erhielt zugleich unterm 30. des nämlichen Mona-tes den Charakter eines wirklichen Hofraths. Nebst den gewöhnlichen Collegien über die Institutionen des bürgerlichen Rechts fieng er auch an, den reichsge-
richt-

richtlichen Proceß und das Lehnrecht in besondern
Lehrstunden öffentlich zu erklären. Durch ein Diplom
vom 1. Jun. 1757 wurde er zu einem kaiserl. Hofpfalzgrafen ernannt. Im Jahre 1764 übernahm er
das durch den Todfall des Prof. Peregrini erlebigte
Lehramt der Pandekten. Bis dahin pflegte man in
den Vorlesungen über die Pandekten bald einen Titel
aus des Peregrini Manuductione in Iurisprud. Iu-
stinian. bald einen andern aus Herzens Magistratu
Romano - Germ. zu erklären; und man hatte folglich
in der That zwey Vorlesbücher, wovon ein jedes einen dickleibigen Quartanten ausmachte. Herr Hofrath von Stubenhauser, welcher dieser Unbequemlichkeit
abhelfen wollte, wählte also dafür Schöpfers Sy-
nopsin iuris Romani et forensis zu seinem Leitfaden;
und fieng darüber zur großen Freude seiner Zuhörer
wirklich zu lesen an. Allein kaum waren sechs Wo-
chen verstrichen, als ihm diese unschuldige Neuerung,
worüber er an jedem andern Ort, und zu jeder andern
Zeit ein Belobungsdekret erhalten haben würde, unvermuthet einen ärgerlichen Verdruß zuzog. Einige
vielleicht fromme, aber allzu übertriebene Sionswäch-
ter hielten die Einführung eines Lehrbuches, welches
einen Protestanten zum Verfasser hatte, für ein so an-
stößiges Unternehmen, daß sie bey Hofe wider den
neuangehenden Lehrer der Pandekten eine schriftliche
Anklage einreichten; und sie wußten unter dem Vor-
wande,

waube, als wären in dem Buche, unkatholische Grund=
sätze enthalten, die Sache dahin einzuleiten, daß Herr
von Stainhauser, ohne seinen Anklägern antworten
zu dürfen, sogleich den höchsten Auftrag bekam, nicht
allein von der Vorlesung über dieses Buch, in Zukunft
sich gänzlich zu enthalten, sondern auch im nächsten
Collegium von seinen Zuhörern alle Exemplare abzu=
fordern, und sie sodann nach Hofe einzuliefern. *)
Diesen Auftrag verkündigte er in seiner nächsten Vor=
lesung mit aller Offenheit; allein die meisten seiner
Zuhörer weigerten sich, ihre Exemplare herzugeben;
und noch danket ihm mancher seiner vormaligen Schü=
ler, daß er ihn mit einem so brauchbaren Handbuche
bekannt gemacht hat. Indeß verwaltete er das Lehr=
amt der Pandekten nicht länger als 3 Jahre; denn
im Jahre 1767 legte er dasselbe freywillig nieder.
Der Ordnung nach hätte ihm damals der Lehrstuhl
des

---

*) Ich würde mich an der historischen Treue versündigen,
wenn ich hier diese Anekdote verschwiege, nachdem sie be=
reits vor einigen Jahren im Leipziger Magazin für
Rechtsgelehrte herausgegeben von C. A. Günther und
C. F. Otto. I. Band St. VI. S. 565. öffentlich bekannt
geworden ist. Im Jahre 1774, also gerade 10 Jahre nach
dieser Begebenheit, sind auf Befehl des jetzt regierenden
Erzbischofs Hieronymus zu allen juristischen Vorlesungen,
nur jene über das Kirchenrecht ausgenommen, lauter von
Protestanten verfaßte Lehrbücher eingeführt worden. So
schnell verschwindet die Dunstwolke der Vorurtheile, wenn
ein aufgeklärter Fürst den Thron besteigt!

des Staatsrechts gebühret; allein denselben erhielt
Drümel; und Herr von Stainhauser wurde über-
gangen. Dieser Schritt erregte um so mehr ein all-
gemeines Aufsehen, als Herr von Stainhauser nicht
nur die Stimmen des akademischen Senats, und die
Wünsche der studierenden Jugend auf seiner Seite hatte, sondern auch bereits aus mehreren Schriften, als
ein einsichtsvoller Publicist bekannt war. Selbst Erzbischof Sigmund schätzte denselben sonst hoch, und
gab gerade an ihm ein Beyspiel, daß er litterarische
Verdienste, wenn sie ihm bekannt würden, fürstlich zu
belohnen wußte; denn schon zu Anfange des Jahres
1764 hatte er ihm nicht nur sein gnädigstes Wohlgefallen über einige zum Vortheile des Erzstiftes verfaßte Schriften *) durch ein Kabinetsdekret zu erkennen gegeben; sondern auch eine Belohnung von 300 Fl.
durch die Kammer und Landschaft auszahlen lassen.
Uebrigens ertrug Herr von Stainhauser diese Uebergehung als ein Werk des Zufalles mit männlicher
Standhaftigkeit, und lebte bis 1770 in philosophi-
scher Muße. In diesem Jahre erhielt er endlich den
Kathedet, welche ihm schon vor 3 Jahren gebühret
hatte; denn nach Drümels Tode wurde er nunmehr

*) Dieß sind die Schriften, welche er in den Jahren 1764
und 1763 in Betreff des sogenannten iuris regii gegen die
Behauptungen der baierischen Gelehrten herausgegeben
hätte.

ohne mindesten Anstand zum Lehramt des deutschen
Staatsrechtes befördert. Diese Wissenschaft war von
jeher sein Lieblingsfach, und er hatte sich in derselben,
noch ehe er sie in Salzburg zu lehren anfieng, bereits
auf eine so vortheilhafte Art ausgezeichnet, daß er
nicht nur von verschiedenen Reichsfürsten in wichtigen
Staatsangelegenheiten zu Rathe gezogen, sondern auch
nach Mainz, Heidelberg, Straßburg und Trier unter
sehr mächtigen Empfehlungen als Professor des Staatsrechtes in Vorschlag gebracht wurde. Am letztern
Orte nahm sich besonders der verewigte Neller seiner
stark an; allein Herr von Stainhauser lehnte den
erhaltenen Ruf jedesmal ab, und beschloß an dem
Platze zu verbleiben, wohin ihn einmal die Vorsicht
gesetzet hatte. Das deutsche Staatsrecht lehret er nach
Mascov, und eignen Zusätzen, und seit 1773 trägt
er auch die Reichsgeschichte vor, wobey er sich seit
1776 des Selchowischen Grundrißes zum Leitfaden
bedienet. Er besitzet eine auserlesene Büchersamm-
lung, die besonders in seinem Fache sehr reich ist, und
beynahe an Vollständigkeit gränzet. Im Jahre 1777
den 30. Decembr. ist er vom Kaiser in den Reichsadelstand mit dem Prädikat: Stainhauser von
Treuberg erhoben worden. Seine Schriften sind
folgende:

1) Disser-

1) Differtatio inauguralis de vnico, vero et adaequato iuris naturae principio. *Moguntiae* 1749. 4to.

Es ist die Gradualschrift eines gewissen Christ. Adeodatus Faden, die er unter dem Vorsitze des Prof. Joh. Mich. Dahms vertheidiget hat. In Mainz ist es, so wie auf einigen andern Universitäten, herkömmlich, daß an mancher Katheterschrift weder der Vorsitzer, noch der Defendent einigen Antheil hat.

2) Succincta facti species in Sachen des Priors und Convents des Klosters Reichenau gegen den Bischof zu Constanz. *Wien* 1751. Fol.

Den vollständigen und eigentlichen Titel dieser Deduction weis ich nicht anzugeben, da hier kein Exemplar davon vorhanden ist.

3) Differtatio academica de feudis ecclefiafti-cis. *Salisburgi* 1756. in 4to.

Diese Abhandlung ist auch eingedruckt in Ant. Schmidts Thefauro iuris ecclef. Tom. V. Num. 15.

4) Dif-

4) Differtatio acad. de feudis Imperii. *ibidem* 1759. 4to.

5) Unpartheyiſche Abhandlung, ob den Herzogen in Baiern das von ſo vielen hochgeprieſene Ius regium in ecclefiaſticis zuſtehe, wobey beſonders eine von dieſer Frage zu München in Druck gegebene Differtation mit Beſcheidenheit geprüfet wird. Frankfurt und Leipzig 1762 in 4to. (unter dem erdichteten Namen I. C. P. Rathe)

6) Vertheidigte unpartheyiſche Abhandlung, ob den Herzogen in Baiern das von ſo vielen hochgeprieſene Ius regium in ecclefiaſticis zuſtehe? Einer darwider ausgegangenen Schrift ſub Rubr. vertheidigtes Ius regium in ecclefiaſticis etc. entgegengeſetzet. Frankf. und Leipzig 1763 in 4to.

Von den Gegenſchriften und vom Verfaſſer derſelben, dem ſel. Michael Adam von Bergmann, ſ. Weſtenrieders Jahrbuch der Menſchengeſchichte in Baiern Erſten Bandes zweyt. Th. S. 228.

7) Academiſche Reden über J. Jacob Mgſcovs Principia iuris publici Imperii Romano - Germ. Frankfurt und Leipzig bey Joh. Georg Eßlinger 1768.

1768. in 8vo. (unter dem Namen J. C. P. von Rhol).

8) Eines geheimen Raths unpartheyiſche Gedanken über eines alten Staats ‑ Miniſters Bedenken von der Frage: Ob und wie bey ſo vielen ſowohl in Schriften, als in beſondern Berichten vorkommenden Klagen gegen die Geiſtlichkeit, und derſelben Immunität ein Landsherr im Gewiſſen ſchuldig, die Hände einzuſchlagen? Salzburg 1770. in 8vo.

9) Oratio coram celfiff. Archiepiſcopo Salisburgenſi in ſolemni actu, quo ab altefata Celſitudine Reu. Dominus Ioſephus Franciſcus Antonius S. R. I. Princeps et Epiſcopus Lauantinus clementiſſime confirmatus eſt, habita. *Salisburgi* 1773. fol.

10) Obſeruationes ſuccinctae ad Ioan. Iac. Maſcouii Princip. iuris publ. Rom. Germ. Edit. Lipſ. 1759. Caput V. de principiis iuris publici eccleſiaſtici in ſpecie, vbi de concordatis Nationis Germaniae cum Curia Romana. *ibidem* 1773. in 4to.

11) Replik auf Herrn Johann Jacob Moſers, königl. Däniſchen Etatsraths, Abhandlung von der
Ver-

Verbindung der Evangelischen Reichsgerichtsbeyſitzer an die Schlüſſe des Corporis Euangelicorum. Frankfurt und Leipzig (Salzburg) 1776. in 4to. (ohne Namen).

12) Vertheidigte Replik gegen Johann Jacob Moſers nochmal befeſtigte Verbindung der evángeliſchen Reichsgerichtsbeyſitzer an die Schlüſſe des Corporis Euangelicorum. Eben daſelbſt 1778. in 4to.

Dieſe Streitigkeit hat dem verdienſtvollen Moſer, jedoch ganz wider den Willen ſeines Geg‐ ners, am Ende einen fiſcaliſchen Proceß auf den Hals gezogen. S. Joh. Pet. Waldecks Deutſchlands litterariſche Annalen der Rechtsge‐ lehrſamkeit. Erſter Band S. 242 — 248. wo dieſe Fehde in bündiger Kürze, wiewohl nicht ohne Einſeitigkeit erzählet wird.

13) Geſchicht‐ und rechtmäßige Prüfung der Ge‐ danken eines Baiern über einige Stellen der letzthin im Druck erſchienenen Anmerkungen über das Ab‐ ſterben des Churfürſtlichen Hauſes Baiern. Frank‐ furt und Leipzig (Salzburg) 1778. in 4to. (ohne Namen).

14) Wi

14) Widerlegung der Antwort auf die Geschicht- und rechtmäßige Prüfung der Gedanken eines Baiern ꝛc. Ebendaselbst 1778. in 4to.

Diese und die vorige Abhandlung sind auch eingedruckt in der zu Wien 1778 erschienenen Sammlung aller Staats- Hof- und Gesandt-schaftsschriften, auch anderer rechtlichen und historischen Abhandlungen, welche die baierische Erbfolge und den darüber entstandenen Krieg betreffen; und zwar im I. Band I. Th. S. 199. und I. Band IV. Th. S. 236. Der Baier, dessen Gedanken Herr von Stainhauser hier widerlegte, war der bereits oben genannte Mich. Adam von Bergmann. S. Westenrieder am angef. O. S. 241.

15) Commentationes ad Io. Iac. Mascouii Princ. iur. publ. Rom. Germ. Edit. Viennensis 1768. librum I. *Salisburgi* 1779. in 8vo. maj.

Dieses Werk ist ohne Vorwissen des Verfassers 1780 mit einem neuen Titelblatt versehen worden.

16) Anmerkungen über die Schrift unter dem Titel: Von der Gerichtsbarkeit der höchsten Reichs-gerichte in geistlichen Sachen. Bey Gelegenheit des

des neuesten D. Bahrdtischen Rechtsfalles. Frankfurt und Leipzig (Augsburg) 1780. in 8vo.
(ohne Namen).

17) Meine Gedanken über die alten und neuen
Beschwerden der vier deutschen Erzbischöfe und einiger Bischöfe gegen den römischen Hof. Frankfurt
und Leipzig 1787. in 8vo.

Er hat sich zwar nirgend als Verfasser dieser
Schrift öffentlich zu erkennen gegeben, aber vielleicht irre ich mich nicht, wenn ich glaube, daß
sie aus seiner Feder geflossen sey.

L.

Johann Karl von Koslern ward gebohren zu
Salzburg den 2. April 1732. Sein Vater war der
verdienstvolle Salzburgische Hofrath und Stadtsyndikus Joseph Wilhelm von Koslern, und sein Groß-
vater Joseph von Koslern hatte sich um das Erzstift Salzburg nicht minder verdient gemacht. *) Er

stu-

*) Dieser letztere, der sich auch als Schriftsteller be-
kannt gemacht hat, war anfangs Advokat, hernach aber Stadt-
schreiber und Bannrichter in Salzburg, hierauf wurde er
gräfl. Lodronischer Pfleger zu Himmelberg in Kärnthen,
kam aber von da wieder nach Salzburg zurück, und erhielt
die Stelle eines wirklichen Hoskammerraths, welche er bis

an

ftubierte fowohl die niedern, als höhern Schulen in
feiner Geburtsftadt, und zeichnete fich durch Fleiß
und Fähigkeit fo entfcheidend aus, daß, als er im
Jahre 1751 als ein Jüngling von 19 Jahren aus
der gefammten Rechtsgelehrfamkeit nach vorfchrifts-
mäßiger Strenge geprüfet wurde, er darüber von der
juriftifchen Fakultät das rühmlichfte Zeugniß erhielt.
Schon im folgenden Jahre den 7. Jun. wurde ihm
durch ein landesfürftliches Dekret die Vertröftung ertheilet, daß man zu feiner Zeit, wenn bey der juriftifchen Fakultät ein Lehrftuhl erlediget werden follte,

auf-

---

an feinen ungefähr im Jahre 1730 erfolgten Tod rühmlichft
beleidete. Seine Schriften find folgende:

1) Obferuationes magicae theorico - practicae omnibus in
foro verfantibus perutiles, non tantum legibus et ordinationi
Carolinae, fed et modernis locorum confuetudinibus accom-
modatae. *Francofurti* 1686, in 8vo.

S. 15 — 21 findet fich ein Verhör, welches über einen
Jnquifiten aus der Gefellfchaft des berüchtigten Zauberer
Jäckl gehalten wurde. Daraus kann die Nachricht ergän-
zet werden, welche ich von der Rotte diefes verfchollenen
Schwärmers in meinen Beyträgen zur Litteratur des
Salzburgifchen Rechts (in des Herrn Prof. Siebenkees
Beyträgen zum deutfchen Recht III. Theil S. 52.) gelegen-
heitlich geliefert habe.

2) Carnificina politica, fiue promptuarium compendiofum
breuiter exponens potiores quaeftiones criminales. *Clagenfurti*
1703, in 8vo.

auf ihn allerdings die gebührende Rückſicht nehmen
würde. Bey dieſer günſtigen Ausſicht ergriff er noch
im nämlichen Jahre und Monate die ihm zur Hand
ſtehende Gelegenheit, und machte eine Reiſe nach Fran‐
ken; wo er im Hochſtift Bamberg bey den Vogtey‐
und Oberämtern Markt Schorgaſt und Kupferberg
die erſte praktiſche Grundlage legte. Das Jahr dar‐
auf begab er ſich nach Wetzlar, um ſich auch in der
reichskammergerichtlichen Praxis zu üben. Von da
kehrte er wieder nach Franken zurück, und prakticirte
noch einige Zeit in Bamberg. Gegen das Ende des
Jahres 1754 wurde er nach Hauſe berufen. Hier
ſuchte er ſich nun auch die beſondere Gerichtskunde
ſeines Vaterlandes ganz eigen zu machen, und be‐
ſchäftigte ſich zu dieſem Ende bey dem Stadtgericht
Salzburg, unter der Leitung ſeines erfahrnen Vaters,
über zwey Jahre mit praktiſchen Arbeiten. Als bey
dem Ausbruche des ſiebenjährigen Preußiſchen Kriegs
1757 auch das Salzburgiſche Reichscontingent aus‐
rückte, und mit demſelben zugleich der ordentliche Re‐
giments‐Auditeur abgieng, wurde Herr von Koſtern
inzwiſchen bey der zurückgebliebenen Stadtgarniſon
zum Auditoriat, bey dem Kriegsrath aber und der
geheimen Kriegsconferenz zu Sekretariatsdienſten an‐
geſtellet. Im Jahre 1761 ward er bey der Univerſi‐
tät zum außerordentlichen Profeſſor ernannt, um einſt‐
weilen ſtatt des ehrwürdigen Greiſes Peregrini das
Lehr‐

Lehramt der Pandekten zu versehen. Er nahm daher am 19. Novembr. desselben Jahres die juristische Dok‑torwürde an, und wurde zugleich unterm 25. des nämlichen Monats und Jahrs in Ansehung seiner gründlichen Gelehrsamkeit zum wirklichen Hofrathe mit Sitz und Stimme befördert. Im Jahre 1764 wurde er ordentlicher Professor der Institutionen, und 1767 übernahm er das ordentliche Lehramt der Pandekten. Diese lehret er nach dem Heineccius und seinen eige‑nen Zusätzen, und seit 1773 hält er auch Vorlesungen über das Lehenrecht nach dem Mascovischen Lehrbuche. Bis jetzt hat er folgende Schriften drucken lassen:

1) Disquisitio iuridico ‑ academica de Nomo‑thesia seu legum latione politica. Pars I. de ea‑dem in genere. *Salisburgi* 1773. in 4to.

2) Memorabilia Eberhardi II. Iuuauiensis, quondam Archiepiscopi et Metropolitae, Eccle‑siarum Chiemensis, Seccouiensis et Lauantinae fundatoris, Celsiss. ac Reuerendiss. DD. Hiero‑nymo Archiepiscopo et S. R. L. Principi Salis‑burgensi etc. etc. in solemni confirmatione illu‑striss imi DD. Iosephi Adami ex Comitibus ab Arco etc. hucusque Regiograecensis, nunc iam Seccouiensis Episcopi neocreati, ac anno MDCCLXXX. die XXIII. Aprilis confirmati, vna‑cum

cum actis praefatae Confirmationis oblata. *Salisburgi*. 1780. in fol.

LI.

Johann Anton von Schaßhammer wurde gebohren zu Salzburg den 13. Junius 1734. Er studierte immer in seiner Geburtsstadt, und hielt den 23. May 1755 unter dem Vorsitze des verewigten Professors Peregrini eine öffentliche Disputation aus den Rechten. Das folgende Jahr den 5. April ward er zum Salzburgischen wirklichen Hofrath ernannt, und bekam zugleich auch das Criminal ‐ Commissariat, welches er viele Jahre hindurch mit einem unermüdeten Eifer geführet hatte. Im Jahre 1767 den 6. März erhielt er das ordentliche Lehramt der Institutionen, auch wurde er am 9. eben desselben Monates zum Doktor beyder Rechte befördert. Die Institutionen liest er über das bekannte Lehrbuch des Heinecius. Nebst diesem hält er auch Vorlesungen über das peinliche Recht nach Sam. Fried. Böhmer, und über die Proceßlehre nach Strycks Introd. in Praxin forens. Zum Drucke hat er zwar nichts befördert; indessen aber gereicht es ihm zur Ehre, daß er bereits vor einer geraumen Zeit mit dem berühmten geheimen Justizrath Walch in Jena einen freundschaftlichen Briefwechsel unterhalten, und ihm zu seinen Werken folgende statutarische Beyträge mitgetheilet hat:

1) Lannd‐

1) Lanndtäding des hochfürstl. Salzburgischen Landgerichts Werfen vom Jahre 1534. Es findet sich in Walchs vermischten Beyträgen zum deutschen Recht. II. Theil S. 143 — 182.

2) Salzburgische Einstands - Ordnung vom 15. Novembr. 1679. Sie ist eingedruckt in Dessen Näherrecht (Jena 1775.) S. 45.

3) Verordnung den Einstand in den Städten betreffend vom 22. Aug. 1695. Steht ebendaselbst S. 71.

LII.

Johann Damascen Kleimayrn ist ein Bruder des verdienstvollen Salzburgischen geheimen Raths und Hofrathsdirektors Herrn Franz Thaddäus von Kleimayrn, *) und gebohren den 19. Oktobr. 1735 zu Zell im Zillerthal im Salzburgischen. Von 1750 an studierte er die Philosophie zu Salzburg, ward 1751 Benediktiner zu Wessobrunn in Baiern; studierte dann die Theologie in dem gemeinschaftlichen Studium

der

*) Eine biographische Skizze von diesem Manne, der sich als Schriftsteller und als Geschäftsmann in einem gleich hohen Grade ausgezeichnet hat, findet sich in der Deductionsbibliothek von Deutschland Band IV. S. 2180 und in Weidlichs fortgesetzten Nachträgen zu seinen biographischen Nachrichten S. 143.

der baierischen Benediktiner = Congregation und bey
St. Paul in Rom. Von Rom reifete er auch nach
Neapel, und wurde nach feiner Zurückkunft 1758
Priefter. Er ftudierte dann noch im Convikt zu Salz=
burg geiftliches und bürgerliches Recht. 1762 wurde
er bey dem gemeinschaftlichen Studium der Benedikti=
ner = Congregation Profeffor des kanonischen Rechts
und der Moraltheologie, und 1767 Profeffor der hei=
ligen Schrift und griechischen Sprache. 1770 ward
er Pfarrer zu Iffeldorf, und 1772 Superior der
Mißion zu Schwarzach. Am Jahre 1773 den 3.
November. wurde er an der Univerfität zu Salzburg
zum Doktor der Rechte befördert, und übernahm hier=
auf das ordentliche Lehramt des Kirchenrechts, auch
erhielt er noch am 7. des nämlichen Monates und
Jahres den Charakter eines Salzburgifchen geiftlichen
Raths. Nach Langhaiders Tode ift er am 21. Jä=
ner 1788 einhellig zum Rektor magnificus der hohen
Schule erwählet, und am 28. darauf zugleich auch
zur Würde eines hochfürftl. geheimen Raths erhoben
worden. Da er bis jetzt an der Kathever noch kei=
nen Nachfolger erhalten hat, fo fetzet er neben dem
Rektorat das Lehramt des Kirchenrechts noch immer
fort, und er hält feine Vorlefungen fowohl in den
Collegien, als in den fogenannten Lektionen nach
Anton Schmidts Inftit. iuris ecclefiaftici und
eignen

eignen Zuſätzen. Bis jetzt hat er folgende Werke, herausgegeben:

1) Syſtema de perficiendo, ſtudio theologico
in ſtudio communi Congregationis Benedictino-
Bauaricae. *Tegernſeae* 1765. in 4to.

2) Syſtem des geiſtlichen Rechts. Salzburg
1767.

3) Exercitatio academica de conciliis Apoſto-
rum. *Salisburgi* 1778. in 8vo.

4) *Gregorii Zallwein* Principia iuris eccleſiaſtici vniuerſalis et particularis Germaniae IV.
Tomis comprehenſa. Editio II. priore multum
emendatior et locupletiore Indice prouiſa, cui
etiam praeter nonnullas adnotationes breuis ſy-
nopſis de vita Auctoris acceſſit. *Auguſtae Vindelic.* 1781. in 8vo maj. (ohne Namen.)

5) Meine Gedanken von den Gränzen der ge-
ſetzgebenden Gewalt und Gerichtsbarkeit der Kirche.
Frankfurt und Leipzig (Salzburg) 1782. in 8vo.
(ohne Namen.)

6) Trauer-

6) Trauerrede auf den hochwürdigen Herrn Herrn Beda — Abt zu St. Peter in Salzburg, welche bey dessen Leichbegängniß den 28. Christmonds 1785 vorgetragen worden. Salzburg 1786. in Fol.